融合之道

赋能新质生产力的朔黄实践

国能朔黄铁路发展有限责任公司◎编著

国能号

中国铁道出版社有限公司
CHINA RAILWAY PUBLISHING HOUSE CO., LTD.

图书在版编目（CIP）数据

融合之道赋能新质生产力的朔黄实践 / 国能朔黄铁路发展有限责任公司编著. -- 北京 : 中国铁道出版社有限公司, 2025. 5. -- ISBN 978-7-113-32202-1

Ⅰ. F532.6

中国国家版本馆 CIP 数据核字第 2025XZ3335 号

书　　名：融合之道赋能新质生产力的朔黄实践
作　　者：国能朔黄铁路发展有限责任公司

责任编辑：郑媛媛　王明容　　　**编辑部电话：**（010）51873293
封面设计：刘　莎
责任校对：安海燕
责任印制：赵星辰

出版发行：中国铁道出版社有限公司（100054，北京市西城区右安门西街 8 号）
网　　址：https://www.tdpress.com
印　　刷：北京联兴盛业印刷股份有限公司
版　　次：2025 年 5 月第 1 版　2025 年 5 月第 1 次印刷
开　　本：710 mm × 1 000 mm　1/16　**印张：**17.5　**字数：**213 千
书　　号：ISBN 978-7-113-32202-1
定　　价：88.00 元

编委会

前言

2023年5月11日，习近平总书记途经朔黄铁路视察黄骅港并发表重要讲话。两年来，全体朔黄人牢记嘱托、感恩奋进，深入践行“社会主义是干出来的”伟大号召，扛牢“能源运输保供”和“重载科技领军”两大核心使命，锚定世界一流专业领军示范企业建设目标，不断推动重载铁路行业迈向高质量发展新征程。在习近平总书记途经朔黄铁路视察黄骅港两周年之际，国能朔黄铁路发展有限责任公司（以下简称朔黄铁路公司）系统总结了在总书记重要讲话精神激励指引下，开展大胆创新探索、全面实施深化改革所取得的一些初步经验成效，编纂成书，以飨读者。

朔黄铁路公司是国家能源集团所属重要子企业，是国家能源集团“煤电路港航、煤电油气化、产运销储用”一体化中的一个重要环节，主要负责建设运营朔黄、黄万、黄大铁路，形成“一干两支、多通道集疏运”运输格局，年运输能力近4亿吨。其中，朔黄铁路是我国“西煤东运”第二大通道，是我国规模化、常态化开行2万吨重载列车的国家一级干线货运重载铁路。因其特殊区位优势，成为我国西部地区连接东部沿海，服务雄安新区，融入环渤海经济圈路径最短、最优、最经济的运输线路之一。2023

年，朔黄铁路公司成功入选国务院国资委“创建世界一流专业领军示范企业”名单，成为200家入选企业中唯一一家铁路企业。

在全面深化改革过程中，朔黄铁路公司创新性提出了“融合之道”管理理念，将重载铁路领域的“人财物、车地网、动静变”等要素融合起来进行一体化改革，形成了具有朔黄特色的改革经验。“融合之道”管理理念的提出，具有深刻理论和现实背景。坚持系统观念是“融合之道”总的指导思想。习近平总书记指出：“系统观念是具有基础性的思想和工作方法。”党的二十届三中全会明确要求在全面深化改革中做到“六个坚持”，坚持系统观念是重要原则之一。培育新质生产力是“融合之道”提出的现实需要，新质生产力由技术革命性突破、生产要素创新性配置与产业深度转型催生，其生成逻辑决定了无法只依赖单一维度突破。具体到朔黄铁路公司来看，需要考虑技术创新融合适配极端应用场景（大载重、长距离、复杂地理环境）、贯通应用数据等新型生产要素和构建综合多元运输通道，并在实践中兼顾培育新型生产关系，推动管理模式创新和企业文化重塑。数智化变革是“融合之道”提出的加速器，驱动系统设备和管理智能化升级，从而支撑企业从数据融合越来越走向管理融合、组织融合。

“融合之道”用一句话概括就是系统之治、协同之要、行安筑基。战略层实施系统之治，以全局战略架构形成发展韧性，按照“目标远景明确、实施战略构建、战略任务解码、具体任务执行落实”全流程构建“121”发展战略、“12121”新质生产力实施路径和“站”“车”协同两个落脚点，形成一套完整闭环的战略框架体系。运营层强化协同之要，以多维联动实现资源整合，实现“运输生产＋科技创新＋能源制造”的综合多元业态协同，“两横一纵＋多业务协同”的管理协同，“点线面体域”数智化协同等。基础保障层突出行安筑基，构筑动态平衡发展基础，以党建工作体系永葆公司正确的发展方向，以大监督体系构筑政治安全和法治安全防线，以大安全体系筑牢生产安全防线。

剖析朔黄铁路公司改革发展中形成的管理哲学和实施路径，将进一步丰富铁路运输企业的管理实践经验。本书着眼于在“融合之道”管理理念赋能下，深入贯彻落实习近平总书记关于“发展新质生产力，必须进一步全面深化改革，形成与之相适应的新型生产关系”的重要论断，按照企业发展从“硬件”、“软件”到“文化”的管理升维，总结出具有一定普适性的“数智要素升级、管理模式重塑、企业文化引领”特征的企业管理创新递进层次，并在科技创新、产业控制、安全支撑、企业治理、党建引领、精益管理、数智赋能、协同融合、人才发展等方面进行系统化变革、打造新动能、培育新质生产力。

本书共分十一章，通过三个层次为读者呈现一个清晰而完整的“融合之道”管理理念下公司通过各领域新动能体系构建培育新质生产力的图景：第一层次为回眸与定向，理解朔黄铁路公司是一家什么样的企业，在系统梳理“融合之道”产生的背景和内涵基础上，洞察剖析了企业战略转型背景和总体战略体系，总结三层企业管理创新层级，并紧密结合了中国传统文化“道、法、术”，为读者呈现了朔黄铁路公司在战略层面的战略性、全局性和前瞻性，以及在管理层面的系统性、层次性和科学性，为后续各章提供了总体框架和目标导向。第二层次为新动能体系构建，系统分析和阐述了朔黄铁路公司在科技创新、产业控制、安全支撑、企业治理、党建引领、精益管理、数智赋能、协同融合、人才发展等重点领域形成的新动能，加快培育和发展新质生产力。第三层次为总结与展望，面向未来，朔黄铁路公司将大力发展新质生产力，纵深推进建设“创新领先、功能突出、治理高效、充满活力”的现代新国企，奋力推动企业高质量发展，为我国铁路运输事业和经济社会发展作出更大的贡献，开启朔黄铁路公司发展的新篇章。

通过融合之道推动企业管理变革是一个需要长久探索的实践命题，朔黄铁路公司的应用时间还不长，还需要在实践中结合内外部环境的变化不断调整和完善，只有虚心向国内外一流标杆企业学习，不断实践，不断总结，才会有所认识，有所提升。本书编著过程中的不完善之处，还请业界同仁予以批评指正。

本书编写组

2025 年 4 月

目 录

国家能源集团
CHN ENERGY
朔黄铁路
全面贯彻习近平新时代中国特色社会主义思想
踔厉奋发加快创建世界一流专业领军示范企业
朔黄铁路发展公司

第一章
守正创新　谋篇布局：融合之道指引战略新方位

在百年未有之大变局加速演进的时代背景下，战略的选择与布局深刻决定着企业的生存方向与发展高度。尤其对以保障国家能源运输通道畅通为使命的朔黄铁路公司而言，战略的全局性、前瞻性不仅关乎自身转型升级的成败，更直接影响其在现代综合物流体系、能源保供中的功能定位与价值实现。唯有坚持系统观念思想才有可能形成全局性、前瞻性的战略体系，才可以帮助企业有效应对转型升级挑战、提升企业价值创造能力、培育系统性竞争优势。在系统观念思想的启发下，考虑到铁路运输具有“人财物、车地网、动静变”等复杂要素交织联动的特点，同时改革也需要由局部探索、破冰突围到系统集成、全面深化的转变，朔黄铁路公司提出“融合之道”理念，以系统之治、协同之要、行安筑基为融合的核心逻辑，打破传统管理壁垒、贯通系统效能、构建协同生态，形成了朔黄铁路公司高质量发展“121”发展战略、“12121”新质生产力实施路径和“站”“车”协同两个落脚点的战略体系。

作为朔黄铁路公司应用系统观念推动多领域一体化改革的方法论，融合之道也在“道”“法”“术”（即“企业文化引领”—“软件能力提升”—“硬件环境领先”）三层进阶中，以中国式管理哲学，推动企业在党建引领、科技创新、产业控制、安全支撑、企业治理、精益管理、数智赋能、协同融合、人才发展等九大领域形成推动企业新质生产力构建的新动能体系。九大新动能体系正是融合之道从理念到实践、从顶层指引到具象成果的系统化映射，为重载铁路国企改革提供了系统性转型范式。

第一节 融合之道产生的背景和内涵

朔黄铁路公司坚持的“融合之道”理念不是凭空而来，而是有着深刻的时代背景、行业背景和企业发展背景。这一理念的提出，既是应对外部不确定性增加、破解行业转型困局的时代应答，又是国有企业在新发展格局下培育新质生产力的必然选择。当企业之间的竞争逐渐进入系统性竞争的新阶段，唯有以系统观念为钥匙，方能打开传统重载铁路运输企业向世界一流专业领军示范企业跃升的进化之门。

一、“融合之道”理念的产生背景

1. 以系统观念赋能高质量发展的时代使然

当前，世界百年未有之大变局加速演进，经济全球化遭遇逆流，多重挑战交织叠加，各种“黑天鹅”“灰犀牛”事件随时可能发生，风高浪急甚至惊涛骇浪的重大考验会不断出现。与此同时，新一轮科技革命和产业变革风起云涌，互联网、大数据、人工智能等新一代信息技术加速突破，推动生产方式、发展模式和企业形态发生根本性变革。我国正朝着“两个一百年”目标不断迈进，中国经济发展已由高速增长阶段转向高质量发展阶段，坚持高质量发展是“新时代的硬道理”，发展新质生产力是推动高质量发展的内在要求和重要着力点。

坚持系统观念是对改革开放以来特别是新时代全面深化改革实践经验的

方法论总结。习近平总书记强调，系统观念是具有基础性的思想和工作方法。坚持系统观念是新时代全面深化改革的一条宝贵经验，也是全面深化改革必须贯彻的一个重大原则。在系统观念思想和工作方法的指导下，朔黄铁路公司将融合之道作为企业培育新质生产力、实现高质量发展的管理理念和工具，正是对这一基础性思想和工作方法的实践应用。

2. 铁路运输行业升级和能源变革转型的必然要求

铁路是国家战略性、先导性、关键性重大基础设施，在服务和支撑中国式现代化中肩负着重要使命和重大责任。相比于其他运输方式，如航空、汽车等，铁路运输具有大运量、低成本、占地少、绿色环保、全天候等优点，中国铁路客运周转量、货物发送量、货运周转量及运输密度均居世界首位。中国铁路运输以大宗商品为主，其中煤炭运量占总运量的1/2左右。目前，我国铁路运输行业正由“走得了”“运得出”向“走得好”“运得畅”转变。在“加快建设交通强国”的新阶段，铁路运输行业拥有新的使命任务，加快推进传统铁路货运向现代物流转型是大势所趋。同时，数智化是当今世界铁路货运发展的趋势，抢占重载技术制高点，实现从传统重载铁路向智慧重载铁路的跨越是必然选择。在能源变革转型方面，中国能源格局正由以化石能源为主向多能融合、多元供应转变，特别是我国“四个革命、一个合作”能源安全新战略的提出和中国向世界做出庄严的“3060”双碳目标承诺，对铁路运输行业带来了深刻影响。总体来看，我国能源结构处于“三期叠加”阶段，煤炭时代的“过去”未去，化石能源时代的“现在”仍在，新能源时代的“未来”已来。

对朔黄铁路公司而言，一方面，必须主动适应铁路运输行业的市场变化和智慧重载铁路运输的发展趋势，掌握重载铁路的前沿技术，引领世界重载铁路的发展方向；另一方面，必须主动适应能源转型大势和“双碳”目标的要求，积极把握现代物流业发展潮流，不局限于单一的传统煤炭运输业务，要从传统产业、战略性新兴产业“两端”发力，深度挖掘清洁能源与铁路运输行业的融合发展，积极拓展非煤运输业务，发展多式联运、物流供应链服务等，着力加快“通道＋枢纽＋网络＋平台”现代综合物流体系建设。综合以上，不论是重载向智慧重载发展，还是能源变革转型催生多元业态构建，仅靠单一要素投入和业务延伸都不足以支撑，必须以系统观念践行融合之道，推动技术、业态、机制的全链条革新。

3. 朔黄铁路公司自身加快转型升级的紧迫需求

朔黄铁路是我国“西煤东运”第二大运输通道，在国家能源战略布局中占据着举足轻重的地位。在党的十四大报告中，朔黄铁路作为“西煤东运”新铁路通道，与长江三峡、南水北调一同被列为国家跨世纪特大工程。朔黄铁路公司因朔黄铁路而生，经过 20 多年的发展，目前负责朔黄铁路、黄万铁路、黄大铁路的建设和运营管理，形成了“一干两支、多通道集疏运”运输网布局。探索了具有“党建引领、智慧重载；规范运作、自主经营；网运分离、联合运输；统分贯融、保障综合”的朔黄模式。目前已经成为我国已建成的投资规模最大、装备水平最高、运输能力最强的合资重载铁路。

当前，朔黄铁路公司正处在转型发展的关键时期，这是公司发展新的历史方位。

从企业发展维度看，急需打破增长瓶颈、重塑战略竞争力。随着外部环境的深刻变化，从 2022 年开始，朔黄铁路公司的煤炭运量进入到了一个相对稳定期，煤炭运量很难像过去一样，每年实现千万吨级增长，运输收入可能面临增长乏力的瓶颈。但与此同时为了保证设备的持续稳定，必要的成本投入不能降低。这也使得朔黄铁路公司面临着收入增长的相对平稳与成本投入不断增加的挑战。立足现有业务，拓展产业发展新空间需要系统整合内外部产业要素才有可能应对这种复杂竞争局面，实现产业协调和动态风险防控。

从企业管理维度看，急需破解治理难题、提升组织效能。朔黄铁路公司探索形成的合资铁路投融资模式、公司—分公司两级管理、联合运输等，在整合内外资源、加快朔黄铁路建成投入并实现高质量运营方面发挥出了无法替代的作用。延续历史上形成的管理经验，新时期朔黄铁路公司需要破解遇到的碎片化治理与协同效能衰减、粗放运营与价值损耗等新管理问题，例如分标段、分专业、分承包商的零散修、分割修带来的质量、效率与成本不优；基层单位成本控制粗放；行政保障管办不分、多头保障；数字资产的管理和应用等不足。新管理问题的破解同样离不开应用融合之道，这才有可能满足与铁路运输相适应的系统管理要求。

二、“融合之道”理念的具体内涵

融合之道是朔黄铁路公司在系统观念思想和工作方法的指导下，在重载铁路运输企业管理和业务变革中开展的具体实践，实行科技创新、产业控制、精益管理、企业治理、人才发展等多领域的一体化推进。概括起来，融合之道就是系统之治、协同之要和行安筑基。

系统之治，以全局性和系统性思维重塑新时期战略体系和价值创造路径，形成“战略目标可解码、资源可适配、流程方法可闭环”的“目标－资源－方法”立体化战略治理框架。具体来看，战略层实施系统之治，突出“121”

发展战略谋篇定向作用，以“12121”新质生产力实施路径确保战略穿透贯通到基层，以“站”“车”协同的战略支点将发展战略应用到具体的实践单元。朔黄铁路公司融合之道下的系统之治，本质上是打破了企业管理的固定边界，核心是抓住朔黄铁路公司高度依赖设备设施安全稳定运行的生命体管理特征，实施数智时代的管理和业务重塑，让管理更加灵活全面和可感知、让决策更加立体智慧和可追踪，通过构建具有层次性的战略框架和高效、无缝的执行链路，为企业依托系统化数智化管理实现指数级增长提供可能，最终形成朔黄铁路公司特色的多元融合数智生态。

协同之要，强调协同既作为实现战略目标的要领、要诀，又明确其在企业管理中具有的不可或缺性。具体来看，朔黄铁路公司的协同之要是通过多维联动释放资源整合效能，是系统观念在资源要素重组维度的映射。通过要素共享机制的体系化设计，实现资源要素从简单相加到深度相融的质变。其要义在于构建跨主体、跨层级、跨业务、跨部门的价值共建共享网络，以“生态化协同”“流程化协作”替代“机械式分工”。具体来看，朔黄铁路公司在产业控制、科技创新、精益管理、企业治理、数智管理、人才发展、“站”“车”协同等运营局面都充分应用了协同手段。产业控制塑造多元综合业态推动综合多元运输、科技服务和能源制造业务协同，科技创新实现“产学研用创”深度协同，精益管理实现经营管控计划和按图运营计划协同共进、纵向贯通控制，企业治理形成专业整合、功能融合和权责聚合协同，数智管理覆盖“点线面体域”实现数智协同，人才发展推动三大关键人才管理主线和人才供应链、发展链、服务链的协同，“站”“车”管理以站筑基、以车赋能、价值共生重塑“站”“车”协同逻辑。协同之要的本质是使企业在资源要素的深度联动中，最终驱动协同成本递减与管理效益倍增的“飞轮效应”。

行安筑基，强调生产经营与风险防控的融合，坚持“一切工作始于合规，一切工作终于合规，一切工作在监督下运行”，以大合规、大监督、大党建体系筑牢高质量发展根基。行安筑基的终极目标是将安全基因融入企业，以党建永葆企业正确的发展方向，使安全不再是与生产对立的“成本项”，而成为驱动企业创新和平稳发展的“催化剂”，最终实现“以稳促进、以进固稳”的螺旋上升。

综合以上，“系统之治－协同之要－行安筑基”构成朔黄铁路公司以融合之道赋能新质生产力培育的黄金三角——系统之治明战略、协同之要优生态、行安筑基强基础。

第二节　融合之道下的战略新思路

“融合之道”是朔黄铁路公司应对时代、行业自身挑战的管理方法论核心，在此管理理念指导下，朔黄铁路公司构建了“121”发展战略，锚定“创建高质量党建引领下的世界一流专业领军示范企业”目标，推动重载向智慧重载转型、单一煤运功能向综合多元业态转型，升级朔黄模式。同步构建“12121”新质生产力实施路径，强化党建引领、经营管控计划和按图运营计划双轮驱动、精益管理有效控制、大安全管理体系和大监督体系保障筑基、“教育、科技、人才”贯通赋能，并通过“站”与“车”动静结合的战略支点，将战略穿透至基层单元，形成层次明晰、闭环可控的行动体系。

一、聚焦“121”发展战略

“121”发展战略具体体现的是：以智慧重载突破引领技术革命性突破；

以综合多元业态领衔产业深度转型；以朔黄模式升级打造企业治理新范式。

1. 一个目标：创建高质量党建引领下的世界一流专业领军示范企业

2023年2月，朔黄铁路公司成功入选国务院国资委“创建世界一流专业领军示范企业名单”，且成为入选企业中唯一一家铁路企业。从企业性质来看，朔黄铁路公司是国有企业，因此必须要毫不动摇坚持党的领导、加强党的建设，突出政治属性，全面落实“两个一以贯之”要求，永远牢记为国家的战略服务是立足的根本。同时，国家能源集团拥有“煤电路港航、煤电油气化、产运销储用”一体化的独特优势。作为国家能源集团的子企业，朔黄铁路公司的核心功能是支撑集团一体化产业链完整、安全、高效的运行，是支撑国家能源运输的安全保障。基于此，朔黄铁路公司把牢核心功能定位，提出“创建高质量党建引领下的世界一流专业领军示范企业”的战略目标，体现了发展战略中必须要坚持的正确政治方向和目标导向。

2. 两个转型：加快重载向智慧重载和单一煤运功能向综合多元业态战略转型

围绕战略目标，朔黄铁路公司聚焦主责主业，一方面，加快由传统重载向智慧重载转型，朔黄铁路公司沿着“智慧重载4.0”线路图，掌握重载铁路前沿技术，以技术引领世界重载铁路的发展方向，推动实现“高铁在中国、重载看朔黄”蓝图。另一方面，加快由单一煤运功能向综合多元业态转型，一是向综合多元运输企业转型，在强化能源运输主责主业“固本”基础上拓展多元运输品类、完善多式联运体系、构建“物流+”现代综合物流体系；二是向科技输出企业转型，立足于朔黄铁路公司在科技创新领域形成和正在开发的系统性科技成果，从朔黄铁路公司的“点”向重载铁路运输乃至铁路运输行业的“面”输出技术解决方案，通过重载技术联合转化实现技术增值；三是向能源制造企业转型，推动朔黄铁路公司从能源消费者转变为新能源生产者和制造者，形成业务发展的第二增长曲线。

3. 一个升级：升级朔黄模式

随着科技进步，先进技术手段和装备不断更新，朔黄铁路公司的生产力得到极大提升，高水平科技成果陆续形成，在很多领域已经形成了新质生产力，必须要进行相应的体制机制性改革，重塑与之相匹配的新型生产关系和组织模式。因此，朔黄铁路公司坚持守正创新，进一步全面深化改革，基于对设备运行客观规律、生产组织客观规律的遵循，推进管理模式升级。一是创新科技组织，实施“数智朔黄”建设，整合“智慧重载 4.0”路线图，统筹管理创新和科技创新。二是优化生产组织，在所属龙宫中心站和滴流磴中心站两个困难区段试验推行联合运维模式，改变了大中修工程施工维修养护模式，分标段、分专业、分承包商的零散修、分割修被整合为分区段综合性维修。三是创新精益管理，以“两横一纵、多业务协同”数智朔黄精益管理体系为核心，打造精益管理的朔黄样本。四是将分公司成本中心升级为成本利润中心。五是成立了共享服务中心，在行政保障层面由管办不分、多头保障升级为集约共享，在公司范围内进行跨单位、跨地域、跨专业的业务整合、资源统筹，建立内部服务虚拟核算和共享服务评价机制。六是全面实行中心站改革，按照“三个四”（“四个第一”“四个根本”“四个统合”）的中心站基本建设思路，打破部门壁垒，促进跨条线、跨专业协作，推动基层业务深度统合。七是以黄大公司为试点，按照“集约化管理、智能化运维、集中化控制、自动化驾驶、无人化值守、零碳化站区”的总体思路，真正按照对标世界一流的标准和理念，开展黄大铁路新型企业治理范式实施路径的研究工作，探索世界一流企业运营治理新范式。

二、明确“12121”新质生产力实施路径

铁路具有点多、线长、面广、环境复杂等特点，管理难度大且安全风险隐患多。朔黄铁路公司认识到设备管理是铁路生产运行的决定性基础，设备质量的优劣、运转效率的高低及管理能力的强弱，直接影响着企业的生命力和生产健康状态。而设备状态的好坏，直接反映了企业的经营管理水平高低。当下，设备管理已进入自动化、智能化时代，智能设备管理已成为企业转型升级的必由之路。朔黄铁路公司顺应数智化“协同、适应、精准”的本质特征，正在全面规划和升级部署数智化管理，对设备的物质运动和价值运动进行全过程的科学型管理，实现综合效率效益和企业价值提升。

朔黄铁路公司深入布局“12121”新质生产力实施路径体系，即一个引领、两个驱动、一个控制、两个保障、一个贯通，如图 1-1 所示。其中，1 个牵引系统，即朔黄铁路公司以高质量党建为引领；2 个驱动系统，即以“经营管控计划”“按图运营计划”两个计划驱动公司的战略落地和日常运营管理；1 个控制，即以一个控制系统实现精益管理；2 个保障系统，即构建“大安全”“大监督”两个保障体系；1 个贯通系统，即实现科技创新、教育培训、人才培养的有机融合和贯通发展，为朔黄铁路公司全面深化改革和战略落实提供有力支撑。

牵引系统、驱动系统、控制系统、保障系统、贯通系统这五大系统遵循了时代背景和企业自身内在生产逻辑规律，主要体现在做到了“五个融合”，即党的建设和中心工作融合、生产和计划融合、业务和管理融合、安全和监

督融合、科技创新和人才培养融合。

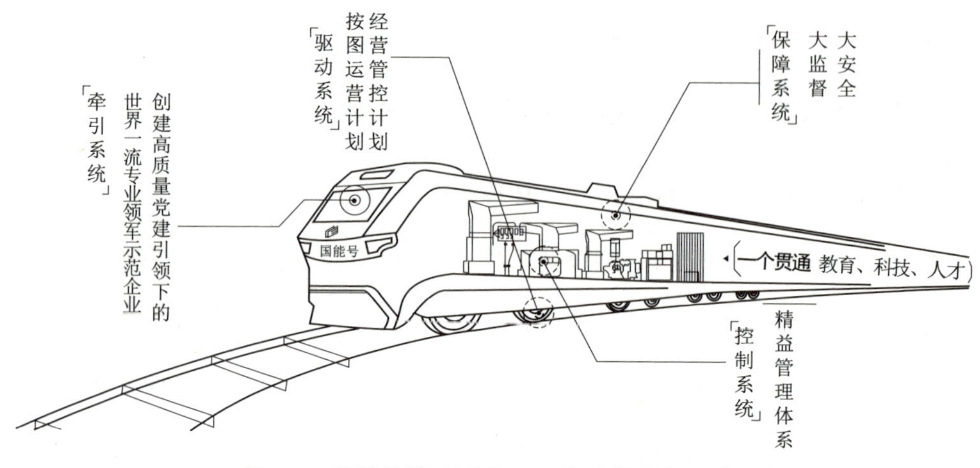

图 1-1 朔黄铁路公司“12121”实施路径示意

“12121”新质生产力实施路径可以概括为 TRAIN 战略落地模型（见图 1-2），将发展战略细化为可操作的工作任务，形成从“明确目标愿景到构建实施战略，再到战略任务解码，再到具体任务执行落实”的实施路线图，为战略目标的实现提供了有力保障。TRAIN 战略落地模型中的 T 表示牵引系统（Traction system），代表着战略共识，澄清和统一企业愿景、使命和战略目标，以引领和指导未来的发展方向；A 表示驱动系统（Actuation system），代表着战略解码，重点是以两个计划为抓手制订行动计划；R 表示控制系统（Regulation system），代表着战略管控，两个计划分解产生的一个个具体的任务事项要依靠一个强有力的管理工具去高效管理，以保证各个责任事项的高质量完成；I 表示保障系统（Insurance system），代表着战略审计，通过“大安全”“大监督”两个体系的运行，及时辨识和消除各具体任务事项在落地实施过程中产生的“政治安全”和“生产安全”风险；N 表示贯通系统（Neo-cross system），代表着战略赋能，重点是一体推进科技创新、教育培训、人才培养，为战略执行提供教育、科技、人才保障。TRAIN 战略落地模型是朔黄铁路公司实现战略目标的重要工具，通过对应战略落地五步法，涵盖了从战略制定到执行、监控、评估的全过程，并以贯穿系统实现全程赋能，确保战略的有效实施和持续优化。

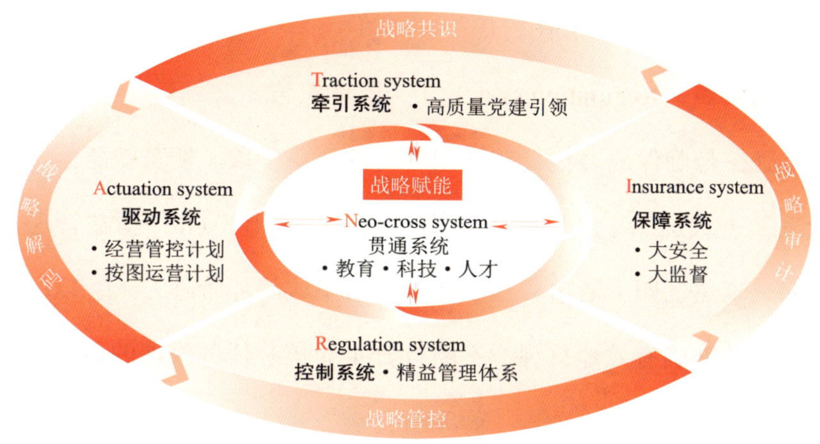

图 1-2 朔黄铁路公司 TRAIN 战略落地模型

1. 牵引系统（Traction system）：战略共识

战略共识是战略制定阶段的核心任务，它决定了企业全体成员对战略方向和目标的认同程度。朔黄铁路公司在制定战略时，充分考虑企业内外部环境、市场趋势、自身优势和劣势等因素，确保了战略的科学性和可行性。先后组织战略研讨会、培训会议等形式，向全体员工传达战略意图和目标，使员工了解企业的发展方向和自身在战略实施中的角色和责任。同时，鼓励员工参与战略讨论，提出意见和建议，增强员工对战略的认同感和归属感。

2. 驱动系统（Actuation system）：战略解码

战略解码是将宏观的战略目标分解为具体的、可操作的行动计划和绩效指标的过程，它使战略目标更加明确、具体，便于各部门和员工理解与执行。

朔黄铁路公司立足于自身最基本的行业属性，提出以经营管控计划和按图运营计划作为抓手，将战略目标按照业务领域、职能部门等维度进行分解，形成若干个具体的子目标，针对每个子目标，制订相应的行动计划和实施步骤，明确责任部门和责任人。对过程中好的、正常的、聚焦的进行合理把控和调度，实现一张网调度、一张图管控。

3. 控制系统（Regulation system）：战略管控

战略管控是确保战略执行按计划进行的重要手段。朔黄铁路公司把“全周期管理”方式运用于企业经营管理，创造性提出“448”精益管理控制系统——四个聚焦、四个清单、八个环节的清单式闭环管理方式，以保证核心重点任务能够准确有效地兑现，不断提升企业核心任务管理的系统性、整体性、协同性。

4. 保障系统（Insurance system）：战略审计

战略审计是对企业战略实施过程中的合规性和风险性进行实时的监督和防控。朔黄铁路公司通过大安全、大监督两个保障系统，对战略目标的达成情况进行评估，对比实际完成的绩效指标与设定的目标值，分析差距产生的原因。一是着眼“过去的问题不再发生，未来的风险有效防范”目标，基于安全生产的五步循环法、抓牢七方面任务的实践经验，提炼出“12571”大安全体系。另一方面，开展防“蝇贪蚁腐”十大工程，开展工程、物资、采购、后勤、五小“3+1+1”攻坚战，保障企业合规经营，构建覆盖公司、子分公司、中心站三级管理，党委、财务、巡察、审计、法律“五力融合”的风险防控、监督协同机制，着力构建“高度集中、管理周密、组织规范、及时有效”的大监督体系。

5. 贯通系统（Neo-cross system）：战略赋能

战略赋能贯穿于战略落地的各个环节，为整个过程提供持续的动力和支持。它通过提升组织和员工的能力、优化资源配置、加强沟通协作等方式，确保战略的顺利实施。朔黄铁路公司通过一个贯通系统将教育、科技、人才都包含进来，旨在实现三者的有机融合和协同发展。一是把科技创新贯通到所有工作当中，实现全员、全要素、全过程、全链条的科技创新；二是以全员创新工作机制为抓手，搭建创新服务、成果转化等平台，激发员工的创新潜力，提高团队的协作能力；三是加强教育培训支持，构建覆盖“基础研究+技术攻关+成果转化+科技金融+人才”的全过程创新生态链，在创新强化技术要素的同时，还注重对非技术要素的发掘和利用。

三、夯实“站”“车”协同两个战略落脚点

“站”和“车”是朔黄铁路公司“121”发展战略落地的落脚点。“站”指的是车站，具体指的是朔黄铁路公司的中心站，这是“一静”。车站是铁路货物运输的基本生产单位，它集中了和运输有关的各项技术设备，并参与整个运输过程的各个作业环节，也是朔黄铁路公司重塑新质生产力下的基层组织架构。朔黄铁路公司坚持计划先行，实施基层一体化管理的特色中心站，将中心站同一阶段内所有生产组织工作画在一张基本图上，进行科学组织、合理优化、精准调配。根据计划的逐步推导和分阶段实施，确定与现场适配的科学组织架构，并对计划的执行效果进行全流程监督和结果考评，形成中心站、子分公司和公司三级考核机制。在计划、组织、考核统合的基础上，统筹各项管理工作要求，建立配套机制制度，形成管理层面的统合。

“车”指的是以运送货物的车辆编成的列车，包括机车和车辆，是朔黄铁

路公司发挥科技创新、产业控制和安全支撑三项作用的集中体现，这是“一动”。朔黄铁路公司作为一个运输企业，通过列车装备的数智化、机务的数智化和列车的智能调度等数智化赋能，推动重载列车产品向高端化、智能化、低碳化、谱系化方向发展。“一静”和“一动”相辅相成，构成了紧密联系、协同高效的“站”“车”协作体，从而为战略落地提供强有力的支撑。

第三节　新动能体系和管理创新实践

朔黄铁路公司将“融合之道”确立为指引战略方位的核心理念和方法，以“道”“法”“术”三层结构构建管理创新升级层次——在“道”的层面厚植企业文化引领力，“法”的维度强化治理体系与人才队伍等软件实力跃升，“术”的维度锻造“站”、“车”、数字化基础设施等硬件环境优势，系统性整合形成党建引领、科技创新、产业控制、安全支撑、企业治理、精益管理、数智赋能、协同融合和人才发展等九大新动能，最终形成多要素互嵌共生、全链条协同进化的新质生产力动能体系。

一、新动能体系

1. 新动能体系概述

“融合之道”赋能企业业务和管理领域一体化改革，形成科技、产业、管理等领域的新动能体系支撑新质生产力的实现。从逻辑关系来看，融合之道是企业遵循的管理理念和方法，指导和应用到企业管理和业务的各个领域，推动相应领域新动能的产生，并最终在各个领域新动能的推动下形成新质生产力。新动能，通常是指新一轮科技革命和产业变革中形成的经济社会发展新动力，新技术、新产业、新业态、新模式都属于新动能。从微观角度而言，新动能可以理解成一个企业发展的能量、能力和能源，它能够激发创新活力、提升产业效率、促进资源优化配置。新动能体系的核心在于推动企业高质量发展，实现新旧动能转换，构建现代化产业体系。基于新动能体系的内涵特征，结合铁路行业属性特点，朔黄铁路公司提出了朔黄新动能体系框架（见图 1-3），持续塑造党建引领、科技创新、产业控制、安全支撑、企业治理、精益管理、数智赋能、协同融合、人才发展等新动能，为公司高质量发展持续注入强劲动力。

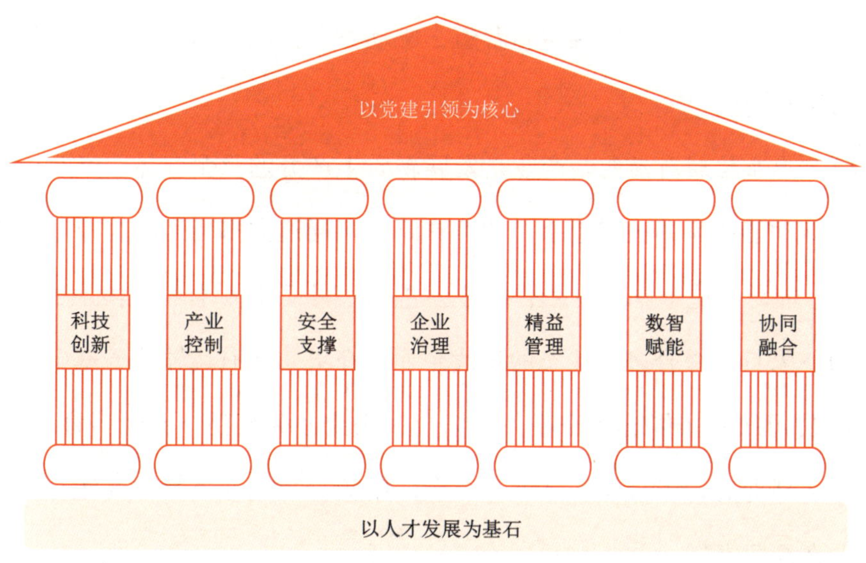

图 1-3 新动能体系框架

（1）党建引领新动能。党建引领新动能在新动能体系中处于核心引领地位，发挥统领性作用。朔黄铁路公司坚持党建引领，坚决把两个“一以贯之”作为“定海神针”，构建“12713”党建体系，传承和弘扬“朔黄红”文化，深入挖掘红色文化、传统文化、重载文化，通过把党建引领的政治优势、组织优势转化为发展新动能，积极探索党建＋业务、党建＋人才、党建＋科技创新、党建＋企业文化、党建＋志愿服务等方式，以高质量党建引领高质量发展。

（2）科技创新新动能。科技创新新动能在新动能体系中处于主导地位，是推动企业转型升级的着力点。朔黄铁路公司构建企业开放式创新体系，完善科技创新组织体系，形成“产学研用创”五位一体科技创新管理模式；建立科技创新人才体系和激励机制；以开行3万吨级重载列车创新实践为典型，构建支撑未来智慧铁路4.0的技术创新体系，涵盖重载运输技术创新、关键装备技术创新、运维关键技术攻关和安全保障技术攻关等多个方面。通过科技创新新动能，开辟发展新领域新赛道，驱动产业控制、精益管理、数智赋能等新动能发展。

（3）产业控制新动能。产业是发展新质生产力的重要载体，产业控制新动能是新动能体系的关键抓手。朔黄铁路公司通过向多元运输企业、科技输出企业、能源制造企业转型，不断完善“物流+”现代综合物流体系建设，打造成为一家具有综合多元业态的现代企业。在巩固既有运输业务基础上，朔黄铁路公司加快从传统运输业务向综合大物流业务转型，不断培育新产业、新领域、新业态，形成运输主业、综合大物流、新兴业务等深度融合的综合多元业态经营模式。

（4）安全支撑新动能。安全是一切工作的底线，安全支撑新动能是新动能体系的重中之重。朔黄铁路公司坚持发展和安全并重，牢固树立大安全观，不断健全支撑安全监督的“四梁八柱”，进一步筑牢合规底线，统筹高质量发展和高水平安全，着力构建大安全体系、健全大监督体系两个保障系统，强化党内监督，健全全面从严治党体系，不断夯实安全支撑新动能，多措并举提升安全监管效能。

（5）企业治理新动能。企业治理新动能在新动能体系中处于基础地位，是提升企业核心竞争力的重要途径。朔黄铁路公司开展组织管理变革，强化顶层设计统筹，推进中心站、成本利润中心、联合运维管理模式和共享服务中心等改革；强化规范高效的董事会治理；构建大安全体系和大监督体系，提升企业治理水平和效能。通过企业治理新动能，激活人才、产业、精益管理等新动能，发挥着推动和保障公司高质量发展的作用。

（6）精益管理新动能。精益管理新动能是新动能体系的重要力量，旨在提升企业运营效率和提高核心竞争力。朔黄铁路公司构建“两横一纵、多业务协同”数智朔黄精益管理体系，横向上通过经营管控计划和按图运营计划，驱动能源运输主责主业及高价值项目投资和运营，纵向上形成任务单元，以“448”（聚焦四大领域、编制四大清单、建立八个环节）驱动两个计划落地，防止企业发生根本性和方向性错误，实现对企业各管理要素的有效分类、归集，从而形成一个从任务生成一直到接受考核评价的完整闭环。

（7）数智赋能新动能。数智赋能新动能在新动能体系中处于重要支撑地位，发挥赋能驱动作用。朔黄铁路公司明确从数字化到数智化的转型方向，构建数智基石数智化转型底座，稳步推进数字设施基础建设、数据资源体系基础建设和数据保障体系建设，推动数据要素互联互通，搭建铁路行业 AI 中台，通过数智朔黄管理平台和智慧重载 4.0 平台探索智慧数字化和数字智慧化，提升数据价值，以数智赋能提质增效，筑牢新质生产力发展基石。

（8）协同融合新动能。协同融合新动能是新动能体系的基础环节。“站”

和“车”是朔黄铁路公司“121”发展战略落地的落脚点，协同融合新动能是“站”“车”的协同联动、深度融合，是推动“121”发展战略落地的坚实基础。朔黄铁路公司聚焦“动静变”专业协同提升，强化“车地网”全要素管控，通过“站”“车”协同、一静一动的有机联动，实质上是管理、组织、机制的联动，高效落实按图运营工作要求，抓实抓细运输生产各项工作，着力塑造协同融合新动能，为发展战略落地提供强有力的支撑。

（9）*人才发展新动能*。人才发展新动能在新动能体系中处于战略性支撑地位，是推动高质量发展的核心动力。朔黄铁路公司紧扣“人才是第一生产力”的发展要义，坚持党管干部、党管人才原则，深入实施人才强企战略，以科技创新、教育培训、人才培养贯通企业生产经营、改革发展的各领域、各环节，持续优化人才管理，打通“三支队伍”建设，培养既精通机务、车务、检修等专业技术，又具备综合管理素养的优秀人才。通过人才发展新动能，为高质量发展提供坚强有力的人才支撑，持续激活科技创新、产业控制、精益管理等新动能。

二、管理创新升级的层次特点

习近平总书记指出，系统观念是具有基础性的思想和工作方法。这为国有企业全面深化改革提供了重要遵循。朔黄铁路公司以系统观念为指导，构建了“融合之道”这一管理方法论，并在此方法论下，探索出一条以“数智要素升级、管理模式重塑、企业文化引领”为特征的新时代重载铁路管理新范式。这也与中国传统文化中强调的“道”“法”“术”等哲学观念不谋而合，如图 1-4 所示。

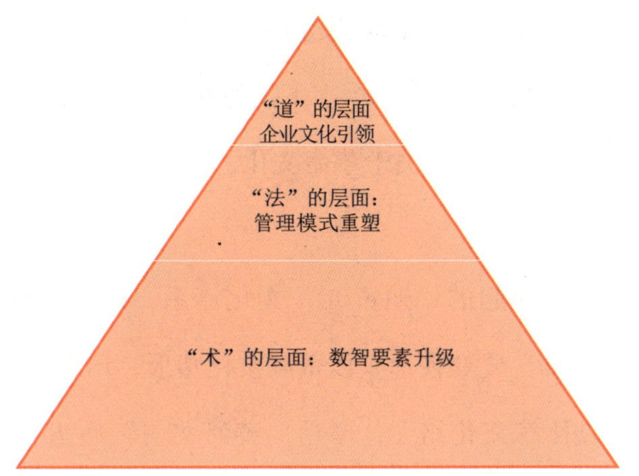

图 1-4 基于“道”“法”“术”构建的朔黄铁路公司管理创新实践框架

从中国传统文化来看，“道”是万物之本源，“法”“术”以“道”为基，而“道”之所成亦离不开“法”“术”。“道”“法”“术”不仅是一种管理秘籍，更是一种深刻的管理哲学。现代管理理论认为，管理其实就是两件事：做正确的事；把事情做正确。“道”回答的就是“什么是正确的事”；“法、术”则告诉管理者如何把事情做正确。一个成功的企业需要在“道”上明确定位，在“法”上建立规范，在“术”上采用有效的方法和手段，以实现组织的高效管理。

对于朔黄铁路公司来说，也就是实现了以文化引领为“道”，确定企业共同的价值取向；以管理模式重塑为“法”，构建新型生产关系；以数智要素升级为“术”，夯实先进生产力的物质基础。

1.“道”：文化引领——构筑共同价值取向

习近平总书记指出：“文化是一个国家、一个民族的灵魂。文化兴国运兴，文化强民族强。”国家如此，企业也如此。文化管理是企业管理的最高境界，企业文化决定着组织行为的价值取向与精神品格。朔黄铁路公司与时俱进，务实求新，紧紧围绕“朔黄红”这一文化主线，从红色文化、传统文化和重载文化中汲取丰富营养，提炼形成了以“至公正己、厚德崇礼、创新引领”为关键词的文化谱系，这十二个字不仅与朔黄的发展历程是一脉相承的，更是践行党的二十届三中全会关于革命文化、传统文化、先进文化建设的具体实践。

朔黄铁路公司构建起的“朔黄红”文化谱系，以红色文化铸魂，传承“不忘初心、牢记使命”党建使命；以重载文化塑形，培育“大国重器”原创创新研发精神；以传统文化培元，厚植“黄河文明”底蕴。通过“朔黄红”三色文化融合，将政治优势、行业特质与人文底蕴转化为组织发展的内生动力。“道”是整个管理创新体系的核心思想，相当于朔黄铁路公司这座大厦的基石。

企业文化引领带来的管理效能体现在三个层面：在战略层面，以文化驱动，明确企业发展方向，凝聚战略共识；在组织层面，塑造企业形象和品牌，形成企业的差异化竞争优势；在员工层面，文化作为组织内部共享的价值观、信仰、行为准则和符号的集合，增强朔黄铁路公司员工的归属感和认同感，规范员工的行为准则和处事方式。企业文化管理已经成为引领组织变革的深层动力机制，促使企业迈向“价值观觉醒”时代，支撑企业走得更远。

2.“法”：管理模式重塑——构建新型生产关系

习近平总书记指出：“生产关系必须与生产力发展要求相适应。发展新质生产力，必须进一步全面深化改革，形成与之相适应的新型生产关系。”朔黄铁路公司积极推动管理的变革、组织的变革，重塑与新质生产力相匹配的新型生产关系，真正推动新质生产力的有效释放。人工智能是重构生产关系的核心变量。在数智时代，数智驱动数据成为核心生产要素，朔黄铁路公司基于此进一步构建起以数据要素管理为核心的新型管理模式。

朔黄铁路公司新型管理模式的具体体现在公司、子分公司和基层站段等三个层面，在公司层面建立专业委员会制等跨部门协作机构，构建起“两横一纵、多业务协同”数智朔黄精益管理体系，向下贯通大安全、大监督体系；在子分公司层面推动成本利润中心改革和共享服务中心改革；在基层站段，推动中心站改革和联维模式改革。“法”承担着支撑和实现“道”的重要角色，类似于朔黄铁路公司这座大厦的承重柱。

管理模式重塑带来的管理效能主要体现在三个突破：一是打破“条块分割”的管理惯性，一体化推动公司到基层站段的改革，创新性开发运用精益管理系统，使任务管理实现全体员工可见、可用、可定义，考核管理可追踪，通过战略解码将组织目标转变为可量化、可追溯、可协同推进的行动体系；二是打通“数实融合”堵点，系统设备智能化叠加管理过程中形成的各类行为数据，形成海量数据，进一步以数据流重构业务流程决策逻辑。朔黄铁路公司可以实时追踪数据流动，并利用数据流的疏密程度识别组织架构的合理性，在数字化生态中量化组织每个行为动作的价值贡献，最终实现物理世界与数字世界的完美映射；三是突破“安全发展”统筹困境，以“政治安全和生产安全”筑牢根基，通过战略审计评估安全合规与战略目标的匹配度，将安全基因融入企业核心竞争力和企业核心功能中。

3.“术”：数智要素升级——夯实先进生产力的物质基础

习近平总书记指出：“要以科技创新推动产业创新，特别是以颠覆性技术和前沿技术催生新产业、新模式、新动能，发展新质生产力。”新质生产力之

“新”，核心在于以科技创新推动产业创新。

在铁路运输领域，设备系统的智能化程度直接决定着运输体系的现代化水平。朔黄铁路公司深刻把握“设备即生产力”的行业本质，将科技创新作为驱动设备迭代、安全保障的核心引擎，有效整合“产学研用创”资源，提升重载铁路速度、密度和重量水平，形成支撑系统设备智能化发展的五大支柱：一是成功开行 3 万吨级重载列车和 30 吨轴重列车，其中 3 万吨级重载列车是我国铁路编组最长、载重最大的重载组合列车；二是突破移动闭塞技术，朔黄铁路是我国第一条试验采用移动闭塞系统的重载铁路；三是实现万吨无人驾驶，其中的综合保障及仿真模拟、远程操控及自动驾驶、空天车地一体化安全监测等技术填补了行业空白；四是成功应用国内首台智能重载综合检测车，搭载了钢轨探伤、轨道基底检测、接触网检测等十余项世界领先检测技术，实现“一键启动、一键配置、统一监控、统一数传、车地协同、智能分析”；五是创新智能运管维模式，通过对现场设备的精准感知，实现对系统设备“管用养修”全流程的智慧化管理。

在管理创新升级实践中，“术”代表了朔黄铁路公司为实现高效、安全、可持续运输环境所必需的“基座”。数智要素升级呈现三大特征：在技术集成层面，实现物联网、大数据、人工智能等技术在设备管用养修全过程中的深度融合应用；在价值创造层面，推动数据向生产力要素的实质性转化；在生态构建层面，形成“技术创新—数据新型生产要素—组织重构”的开放创新生态。

从企业文化谱系、价值观的重构，到管理模式的系统重塑，再到生产要素的全面升级，朔黄铁路公司以新时代的改革实践深化贯彻落实习近平总书记关于“发展新质生产力，必须进一步全面深化改革，形成与之相适应的新型生产关系”的重要论断。通过三个管理创新层级，既彰显企业的治理智慧，又为传统企业转型升级提供了可资借鉴的实践。在新时代的征程上，朔黄铁路公司正以管理创新的层次递进，谱写着重载铁路高质量发展的新篇章。

国家能源集团
CHN ENERGY
国家能源集团朔黄铁路
无人驾驶重载列车试验开行

第二章
智慧重载　科技领军：驱动“科技创新”新动能

纵观国内外领先铁路运输企业，技术创新在推动企业发展中都起到了关键性的作用，全球主要的重载铁路运输企业也都将科技创新作为企业发展的核心战略。将“由传统重载向智慧重载转型”列为两个战略转型之首，表明朔黄铁路公司要掌握重载铁路原创技术，要引领世界重载铁路的发展方向的决心。以智慧重载引领的科技创新对朔黄铁路公司研发体系重塑带来了天翻地覆的变化，主要体现在：科研组织从零散走向整合，架构起科学技术委员会统领的组织体系；研发管理从碎片走向链条，将产学研合作拓展为“产学研用创”深度合作；成果从单一技术突破向复合系统升级，这一系列成体系的科研成果奠定了朔黄铁路公司重载引领的基础。“三个变化”的发生主要源于在科技创新管理中处理好了“三个关系”。一是创新顶层引领与基层组织积极性发挥的关系，构建出从上到下贯通到个体的“114+*N*”科技创新组织体系，充分发挥基层创新组织的科技创新对企业发展巨大推动作用。二是企业创新地位发挥与外部合作机构共赢关系，通过“产学研用创”平台共建、知识产权的共创共享，朔黄铁路公司的科技创新“朋友圈”涵盖了国内铁路领域一大批顶尖院校。三是研发项目与成果创效关系，正是在研发谋划之初就将创效价值如何发挥深刻植入大脑，让公司的科技研发项目与国家战略、行业共性需求和企业发展对设备自动化、智能化升级的实际需要紧密结合。

总结朔黄铁路公司的科技创新发展之路，走过了倚重外部－委托研发、内外结合－共同开发并逐步进入统筹整合－自主创新阶段。科技创新是系统工程，唯有以融合之道贯通要素资源重组与价值网络再造，方能释放科技创新的乘数效应。未来的朔黄铁路公司将通过智慧重载引领的“科技创新”新动能，塑造成为一家真正的高科技型企业。

第一节 “114+N”科技创新组织体系

朔黄铁路公司高起点、高标准整合内外部科技资源和研发力量，着力打造重载铁路4.0原创技术策源地，构建“产学研用创”深度融合、开放合作、共建共享的“114+N”科技创新组织体系，即一个统领是发挥一个科学技术委员会的统领作用；一个链接是依托国家铁路局重载铁路高效运输技术铁路行业工程研究中心平台，将其打造为链接朔黄铁路与铁路行业乃至国家的重载铁路科技创新策源地；四个科研机构包含国能运输技术研究院和工程研究中心下属三个研发中心；N个部门是科研实验室、创新工作室、各三级单位科研部门和基层创新团队。

一、科学技术委员会统领作用

朔黄铁路公司层面成立科学技术委员会是为了推进未来科技创新的系统布局，担当着科技创新“出题人”角色，目标是实现科技管理工作的系统化、全局化和体系化。

科学技术委员会作为朔黄铁路公司的科技工作管理机构，负责科技创新工作集中统一管理，主要职责包括贯彻落实国家创新驱动发展战略和科技工作的相关法律法规、规章和政策；审议科技管理工作；审议科技发展规划、方针、政策；审议和指导科技重点攻关方向、重大技术改造项目等重大事项；指导科技成果布局和科技人才培养工作；审查年度科技项目立项、申报国家及国家能源集团的科技项目立项、技术标准项目立项和技术标准发布及指导科技创新管理体系建设。

二、重载铁路高效运输技术铁路行业工程研究中心

作为重载铁路技术的策源地，朔黄铁路公司以重载铁路智能运输创新为主攻方向，全力推进智慧重载铁路建设。2023 年 8 月，国家铁路局重载铁路高效运输技术铁路行业工程研究中心技术委员会在朔黄铁路公司成立，并召开了第一次技术委员会会议，标志着重载铁路高效运输技术铁路行业工程研究中心（以下简称工程研究中心）正式进入运营阶段。工程研究中心由朔黄铁路公司联合有关设计院和大学共同申报并于 2022 年 12 月通过国家铁路局认定。工程研究中心作为重载铁路行业的科研机构，以实现重载铁路高效运输和智能控制为目标，聚焦智能运输、智能管理、智能装备和标准体系建设四个研究方向，开展关键技术攻关、设备研制和标准体系建设，推进重载铁路运输生产自动化、运营管理智能化、决策分析智慧化，促进科技创新成果的工程化、产业化。

三、四个科研机构

1. 国能运输技术研究院

朔黄铁路公司以国能运输技术研究院（以下简称运输研究院）为主体，打造重载铁路行业新技术、新产品、新设备的技术应用基地。

运输研究院于 2020 年 7 月 17 日成立，以项目责任制为基础，围绕“引领朔黄科技创新潮流，解决运输生产难题”的目标，重点开展科技咨询、标准制定、技术合作、国际交流和人才培养等服务。运输研究院着眼于运输生产难题的解决，充分发挥朔黄铁路公司自身具有的丰富应用场景，成为先进技术应用创新的标杆示范，形成了图谱布局、科学论证、精细管理和开放合作的科研模式。

2. 工程研究中心下属三个研发中心

工程研究中心把握住了重载铁路发展过程中最关键的运输与控制、检测监测、运营维护等环节，同时将过往一直未被高度重视的数据要素作为未来研究的新兴领域，开展数据分析与应用相关研究，设置了智能运输与控制技术中心、智能监测检测技术中心、数据分析与应用中心三个研发中心。

研发中心的建设采取与国能运输技术研究院、子分公司共建方式，例如智能运输与控制技术中心以机辆分公司为主，调度指挥中心、国能运输技术研究院等共同组建；智能监测检测技术中心以数智分公司为主，原平分公司、肃宁分公司、机辆分公司、黄大铁路公司等子分公司共同参与、共同组建；数据分析与应用中心由信息中心负责组建，国能运输技术研究院共同参与。通过共建的方式，让工程研究中心更好地了解不同业务的实际研发需求，开发出能够解决业务发展实际问题的技术，也可以进一步建立起工程研究中心在朔黄铁路公司内部的信誉，为工程研究中心未来服务公司的科技创新奠定基础。未来朔黄铁路公司还将围绕智慧重载相关技术领域建设院士工作站，并与高校合作申报博士后工作站。

四、*N* 个部门

N 个部门是由科研实验室、创新工作室、各三级单位科研部门和基层创新团队等构成的，朔黄铁路公司在基层创新团队的搭建上已经取得了较好的效果。

1. 建立基层创新组织

朔黄铁路公司以基层创新团队和创新创效工作室作为基层的创新组织。

基层创新团队是由各子分公司中心站、运行检修中心、运行维护中心等单位主导，根据业务需求和技术发展方向，选拔具有创新精神和精湛技术水平的员工组成的团体。创新团队由团队负责人、技术带头人、创新小组组长和小组组员共同组成。对于创新团队，由公司评委会按照年度表现给予S级、A级、B级、C级评级，并对S级和A级的创新团队进行荣誉和奖金激励。

公司级创新创效工作室（以下简称创新工作室），是在基层创新团队的基础上，经过深度培育和技术积累，对成功孕育出技术、技能人才，荣获过公司级以上集体荣誉，具有固定办公场所、完善的硬件设施与研究设备的创新团队，经公司审定挂牌成立的更高层次创新平台。创新工作室实行总量控制、动态管理，每两年评审一次。创新工作室可以按照领衔人的姓名命名，并通过"五小"项目备案形式给予10万~50万元科技创新活动专项经费支持，在具体的鼓励政策方面，各级工人先锋号的推荐向优秀创新工作室倾斜。对于创新工作室领衔人和成员，可直接作为公司劳模、青年五四奖章、巾帼建功标兵等荣誉候选人。

2. 其他内部研发平台

为进一步增强企业的自主研发能力，掌握更多拥有自主知识产权的核心技术，朔黄铁路公司还在内部设立了重载铁路基础设施智慧运维技术科研平台等科研单位。

第二节 "产学研用创"科技管理链条

一、明确企业创新主体地位

1. "1352"科技创新战略布局

在全球科技竞争白热化的当下，原始创新能力在很大程度上决定着一个国家、一个民族的核心竞争力。作为重载铁路技术的策源地，朔黄铁路公司强化科技创新顶层设计，系统梳理科技工作体系，多层次加大科技投入，加强科技创新攻关、成果转化和科研人才队伍建设，以科技创新点燃智慧“新引擎”，绘就智慧重载新蓝图，实现科技创新水平全面提升，科技创新投入和产出持续增加，科技创新环境不断优化，技术新动能不断提升，科技创新对公司高质量发展的支撑作用越发凸显。

在此背景下，朔黄铁路公司提出了“1352”科技发展战略，即“1”个发展目标：高铁在中国、重载看朔黄；“3”紧工作思路：紧扣2万吨、3万吨级重载列车运行安全等行业发展重大问题，紧跟集团公司重大项目，紧接国家级研发平台；“5”大领域科技创新：智能运营、智能装备、智能运维、智能安全、智能管理；“2”大科技工程：加快推进智慧重载4.0和数智朔黄两大工程实施。

2. 围绕“三紧”明确重点研发项目

朔黄铁路公司的技术研发项目始终与行业发展所需要解决的关键共性难题、国家对行业科技创新的发展方向等保持一致。这样的技术研发项目选择思路，能够显著降低企业研发投入风险，所研发的成果也能够对行业带来极大的正外部性。当前，朔黄铁路公司正在开展的由国家有关部委支持的各类重点项目、示范专项科技项目等超过17项。尤其是其中的“数据要素驱动的智慧重载铁路4.0建设项目”结合朔黄铁路处于产业中游的区位优势，形成跨产业域数据流通机制，解决因重载运输“端到端”“门到门”数据不共享、信息不对称造成的运输效率低、物流成本高的问题。

3. 朔黄铁路愿景4.0

2023年8月，国际重载运输协会（IHHA）在巴西召开的第12届国际重载运输大会上提出了2030年全球重载运输愿景，即进一步推动全球重载铁路运输行业向重载铁路4.0驱动的安全、可靠、综合和智能的重载系统迈进。为了紧跟国际步伐、引领行业发展，根据国际重载协会2030远景规划，朔黄铁路公司提出了提前2年实现智慧重载4.0，即到2028年构建起基于智能大脑平台的五个智慧维度的先进科学的重载运输体系架构。

朔黄铁路智慧重载2028愿景4.0按照“2121”的总体架构布局，即构建数字基础设施和数据资源体系两大基础，推进智能技术与智能运营、智能装备、智能运维、智能安全、智能管理五个智慧维度深度融合（一个融合），强化技术创新体系和数字安全屏障“两大能力”，打造健康的重载运输数智生态。其总体架构如图2-1所示。

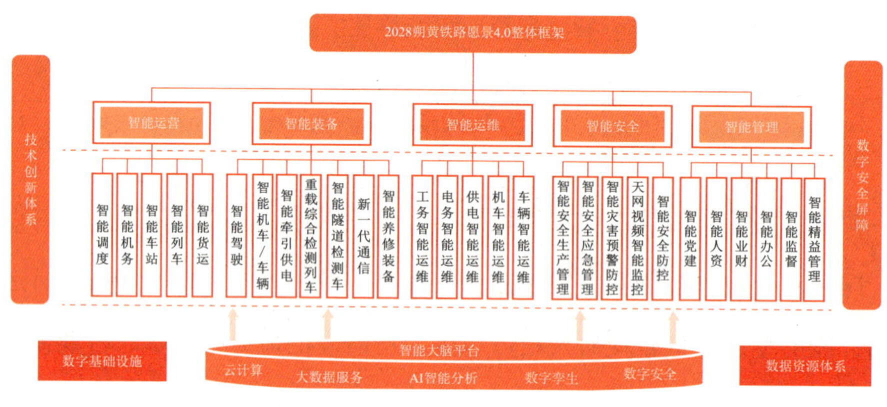

图2-1　朔黄铁路愿景4.0总体架构

二、开展“产学研用创”深度合作

对于涉及到行业的基础性、关键性和共性技术的开发，朔黄铁路公司坚持“企业为主体、市场为导向、产学研用创结合”的创新原则。

1. 搭建合作共赢的产学研用创研发平台

充分发挥科技创新资源集成作用，同国内铁路行业领域的高校、科研院所广泛建立起多样化的产学研用创研发平台。例如，与有关院校合作成立“能源运输创新研究中心”，签订多项科技创新合作协议书，汇集国内外创新资源，形成产学研用创技术联盟，开展3万吨重载运输等应用型研发。朔黄铁路公司以运输研究院为载体，以相关国家重点实验室技术能力为依托，合作建成了国家能源集团朔黄重载铁路工务工程运维技术实验室和国家能源集团朔黄重载铁路智慧通信信号联合实验室。

2. 协同开展关键技术攻关

在坚持创新主导的基础上，充分利用各方面的科研力量及资源，采取“产学研用创”联合开发、引进转化和自主开发相结合的模式，协同开展关键技术攻关。健全由企业主导的产学研用创联合攻关机制，先后与多家院校及单位签订战略合作协议，开展重载铁路轮轨关系、无线重联同步控制等重点技术研究攻关。通过“产学研用创”联合研制模式，与业内领先企业共同研发的基于 TD-LTE 技术的铁路通信系统，在全球首次将 4G 技术应用到重载铁路上。为突破 2 万吨重载列车开行中遇到的操纵难题，朔黄铁路公司成立重载技术研究室、科技创新工作委员会、2 万吨技术攻关小组，形成产、学、研、用、创技术联盟，系统开展重载铁路运输核心技术、先进装备、安全风险研究。

三、实施科技成果转化创效

“产学研用创”最终落脚点在“创”，“创”就是创造价值。朔黄铁路公司的“产学研用”合作模式，实现了创效的进一步延伸。对于产生的科技研发成果，逐步探索形成了对外提供科技服务的模式。

1. 在科技创新项目中挖掘专利成果

朔黄铁路公司实现科技创效的成果主要来源于对科技创新项目的挖掘和提炼。科技创新项目完成后，不仅解决了发展过程中面临的技术难题，而且能依托项目过程中形成的专利成果实现对外转化。

为了达到双重效果，朔黄铁路公司在科技创新项目立项、研发过程、试验验证、推广应用等全生命周期内，开展知识产权检索、知识产权挖掘和布局等知识产权管理工作。对国家重大专项、国家部委科技项目和集团公司重点科技项目设置知识产权专员。涉及到对外委托开展的科技创新项目，在技术合同签订并组织技术方案评审后，编制计划任务书时，合作单位要明确项目研发过程中专利挖掘与布局计划。为了降低后续转化的权益风险，在科技创新项目正式开始前，与合作方通过协议明确约定知识产权归属和收益分配。

2. 明确实施主体，探索多元转化方式

朔黄铁路公司将国能运输技术研究院明确为公司科技创新成果转化实施主体，除拥有其他分子公司知识产权管理职责外，其在专利转化与许可方面包括以下五项职责：一是针对公司及国家能源集团拟立项重大科技创新项目，参与专利导航与检索，以及对已立项为集团公司科技创新项目，参与专利布局与挖掘；二是对公司有市场前景的专利技术进行市场价值评估；三是对公司专利侵权进行预警及维权；四是协助公司与专利转让或许可方签订专利转化及许可相关协议；五是负责转让或许可有市场前景专利的市场推广等。

在具体的转化方式上，建立了内部转化和外部转化通道。内部转化的专利技术，根据转化应用情况，由科技主管部门组织业务部门相关人员做出专利价值评估后进行转化。外部转化的专利技术，采取三种转化方式，分别为以实施许可形式将专利技术在约定范围内提供给他人实施，包括普通实施许可、排他实施许可和独占实施许可；以专利折价出资入股；将专利权转让给他人。

四、科技人才培养和激励方式

1. 分层分类的科技人才培养方式

对照国家能源集团“十一千一万”科技人才培养计划，分层分类递进式

培养各类人才。

塑造铁路专业领军人才。统筹安排集团级卓越工程师担任国家、集团、公司重大科技任务，以及担任战略性新兴产业和未来产业关键科技创新研究的技术负责人。发挥专家人才在技术革新、科技成果转化和知识管理等方面的作用，制定聘期考核指标，专家人才协助分管领导在本专业领域内负责技术革新、科技创新工作。发挥专家人才的引领和带动作用，集团级卓越工程师至少培养 1 名技术负责人，至少担任 3 名青年科技人才导师，每年至少开展培训授课 3 次。完善专家人才的任用机制，发挥其最大效能。

培养自主科研骨干人才。在“产－学－研－用－创”融合中培养，优先安排科研骨干人才参加国家、集团及公司重大科技项目，到实验室、工程研究中心等科研平台承担重要工作。优先安排科研骨干人才参与在职工程硕博士培养计划，提升科研水平。用好工程硕博士在企业的实践培养机会，与高校深入开展合作，建立柔性引才的机制，建立联合引进、共同使用、协同培养的平台。畅通技术（T）序列人员职业通道，打通职业转换通道，培养复合型战略人才，打破科技、技能人才职业通道的潜在“天花板”。

开展青年科技人才全链条培养。针对科研生涯早期、毕业时间在 5 年以内的理工科优秀毕业生，配备高水平企业导师，实施“一对一”帮带培养。在人才纵深发展阶段，适当提供带队伍和参与重大项目的历练机会，鼓励青年人才参与“揭榜挂帅”项目，提升科技项目中 40 岁以下青年科技骨干的占比。

2. 科技创新全面激励体系

朔黄铁路公司以物质激励为基础，结合科技创新工作及科技人才特点，从荣誉、成长、物质、环境四个维度，系统构建科技创新全面激励体系。

荣誉激励可以增强科研人员的自尊、自信和自我效能满足感。朔黄铁路公司构建了科技创新荣誉表彰体系，每年开展公司科技类奖项的评选活动，表彰在前沿技术、关键共性技术、现代工程技术和重大科技专项中作出突出贡献的单位和个人。根据不同类型科技人才的岗位职责和工作特点，优先对取得突出业绩的科技人才进行荣誉推荐和奖励评选。同时，建立领导人员联系服务专家人才机制，使科技人才收获尊重感、荣誉感和成就感。

科技创新人才成长的激励体系可以为科研人员的职业发展提供更多的可能。在重大科技工程项目中推行指挥长、技术长“双负责人制”。对青年科研人才加大培育力度，对获得国家能源集团“科技新星”称号的人才，直接任命为朔黄铁路公司重大科研工程项目的技术长（副技术长），鼓励青年牵头重大科技工程项目，增加团队中青年科研人员占比。每年统筹选派优秀人才到相关专业一流院校学习培训，参加在职工程硕博士培养。

物质激励是激发科技人才积极性最直接的手段。根据实际，建立完善的内部科技人才物质激励机制，推动科技人才按价值、贡献决定薪酬的分配机制，充分发挥薪酬激励的导向作用。例如，对于参与国家科技攻关任务和重点研发计划项目、国家级研发平台建设、国家能源集团战略性新兴产业和未来产业的科技骨干人才，其薪酬对标市场 75 分位值（含）以上水平。

良好的环境能够为科研人才自由思考和创新提供良好的氛围。为科研人才建立鼓励创新的容错机制，实施重大科技创新对经营业绩产生重大影响的，按照“三个区分开来”[①]原则和有关规定，在经营业绩考核上不作负向评价。

---

① 把干部在推进改革中因缺乏经验、先行先试出现的失误和错误，同明知故犯的违纪违法行为区分开来；把上级尚无明确限制的探索性试验中的失误和错误，同上级明令禁止后依然我行我素的违纪违法行为区分开来；把为推动发展的无意过失，同为谋取私利的违纪违法行为区分开来。

第三节 科技管理创新成果

在科技创新顶层设计的引领下，通过创新的管理模式，朔黄铁路公司近年来形成了以 3 万吨级重载列车、新型智能重载电力机车、重载铁路基础设施智能运维技术等为代表的十大科技创新成果。这些创新成果改变了过去单一技术突破的局面，都具有系统集成的特点。当前，朔黄铁路公司按照智慧重载 4.0 建设总体要求，积极开展智慧技术与智能运营、智能装备、智能运维、智能安全、智能管理五大业务板块深度融合，加快打造以“首台套”“首突破”为标志的重载原创技术重大成果，努力为我国重载铁路领域实现高水平科技自立自强提供强有力支撑，为我国重载铁路事业的发展贡献朔黄智慧和力量。

一、3 万吨级重载列车

3 万吨级重载列车是我国铁路编组最长、载重最大的重载组合列车，列车由 324 节车厢构成，总长 4088 米，由 4 台国能号大功率交流电力机车牵引，总功率达到 52000 匹马力。3 万吨级重载列车的研发和上线运营是一项系统工程，需要突破列车编组、站线设计、列车纵向动力学、四电关键技术等一系列技术。朔黄铁路在密度量级、场景多样性、线路复杂性和环境多变性方面远超国内外其他重载铁路线路，这使得重载列车技术研发难度更大。朔黄铁路公司与联合研发单位从 2009 年 6 月开始，历时 15 年，实现了 3 万吨级重载列车常态化试验和开行，为大运量高密度需求下的规模化开行提供了重要支撑。因此，在技术突破方面，3 万吨级重载列车创新性地提出了 3 万吨级超长编组重载列车安全运行的新型重载铁路无线宽带通信技术，确定了 3 万吨级重载组合列车的最佳编组模式，攻克了 3 万吨级重载组合列车综合试验技术，构建起列车动态性能与运营安全检测评估体系。

据测算，每日开行一列 3 万吨级重载组合列车，较 2 万吨列车相比，年可增加铁路运量 315 万吨。

二、新型智能重载电力机车

新型智能重载电力机车是全球首创，在攻克了永磁直驱、直驱转向架、碳化硅变流器、TSN（Time-Sensitive Networking）网络、一体化冷却等关键技术的基础上，打造出的最大功率永磁直驱重载电力机车。

新型智能重载电力机车有五大创新方面，一是绿色低碳新标杆，列车的能源供应方式为纯电力，运营高效且低噪，实现绿色低碳循环发展。二是实现全域智能新跨越，为重载铁路赋予“智慧之翼”，推动向“智慧重载”转型。三是开启智能座舱新纪元，首次在列车座舱领域引入智能座舱技术，打造列车员的“舒适家”。四是达到重载保障新高度，通过全自主的创新智能技术，赋能 3 万吨级及以上列车安全可靠运输。五是品相设计新飞跃，采用全新海洋美学设计，外观线条圆润流畅，智能化与重载特征充分融合，展现机车的力量、智慧、机敏与优雅。

三、重载铁路基础设施智能运维技术

重载铁路基础设施智能运维技术是国内首创技术，通过创新打造智能运维体系、空天地一体检测监测技术体系、智能大脑平台、智能感知技术、关键基础数字孪生、智能评估与运维决策技术等，成功实现对工务、电务、供电设备状态数据的一体化、智能化管理。

朔黄铁路公司提交的《朔黄重载铁路基础设施智能运维技术研究与应用》技术论文得到国际重载协会技术委员会认可，被纳入第12届国际重载运输协会技术会议报告。

重载铁路基础设施智能运维技术为朔黄铁路公司带来五大变化：一是改变过去设备资产与服役状态关联欠缺的问题，实现设备资产数字管理、设备信息闭环管理和设备全生命周期管理。二是改变过去监测技术不足的局面，通过检测监测一体化，实现设备监测全面覆盖、技术状态实时监控。三是改变过去设备状态预测分析不足的状况，实现设备状态科学预测、检修维护及时精准。四是改变过去维修决策缺乏数据支持的情况，通过作业计划自动生成、作业过程安全管控，达到作业安全管理。五是改变过去数据资源共享融合困难的困境，搭建统一服务平台，实现海量数据统一管理、多源数据集成共享。

重载铁路基础设施智能运维技术的应用，使智能大脑平台建设成本降低50%，工务设备运维管理提升15%、维修精准度提高50%、设备运维降本15%，电务生产计划编制提升80%、LTE-R网络检测效率提高30%、设备维护到期提醒率达到100%，供电变电所管理效率提升15%、人工巡检替代率达到90%、非计划停电降低10%。

四、2万吨重载铁路自动驾驶技术

2万吨重载列车由216列车厢构成，列车全长约2.7公里、总重达到21600吨，在如此大重量、长距离、多车厢的列车上应用自动驾驶难度巨大，朔黄铁路公司成功攻克ATO自动过分相、空转/滑行抑制功能、主动安全防护功能、人机交互功能、长大下坡道循环空气制动力强弱判断、自动驾驶半实物仿真平台等技术，在国内首创 2 万吨重载铁路自动驾驶技术。

2 万吨重载铁路自动驾驶技术可以满足朔黄铁路大部分的行车运用场景，包含发车准备、始发站发车、途中运行、自动过临时限速、自动停车等场景。在自动发车、区间自动运行、自动过分相、抑制空转 / 滑行、长大下坡道循环空气制动、自动对标停车等大部分场景可完全代替司机，实现安全平稳的列车操纵，列车的总体自动化操纵率达到 98%，能耗降低 3%。

五、无人驾驶万吨重载列车

无人驾驶万吨重载列车同样为国内首创。综合保障及仿真模拟、远程操控及自动驾驶、空天车地一体化安全监测等技术填补了行业空白，创建了“数字化仿真、智能化驾驶、远程化遥控、集约化调度、一体化监测、少人化值守”的新业态，创造了国内首家车站集中控制、列车智能驾驶全系统革新的智慧重载运输新范式。

万吨重载列车的无人驾驶还实现了自动驾驶、智能运维、调度集控的“车”“地”“网”全系统升级，以及列车运营状态实时监测、基础设施智能综合检测、列车进路主动识别结合的“动”“静”“变”全要素管控。成功打造了国内首套重载铁路无人驾驶运行仿真平台——车地多维信息交互数字化仿真平台，实现关键系统、关键技术的全链条自主可控，推动重载铁路智能驾驶技术更快发展。无人驾驶的成功应用使列车平均速度提升 1.7 公里 / 时，平均牵引能耗降低 2.9%。

六、LTE-R 铁路无线通信技术

作为朔黄铁路规模化开行 2 万吨及以上重载列车不可或缺的关键技术和装备，LTE-R 铁路无线通信技术在全球不仅首次被应用于重载铁路，而且已经在朔黄铁路安全运行 10 年。

从朔黄铁路神池南站出发，海拔落差超过 1500 米，重载列车都在下行的隧道或者弯道上行驶，巨大的惯性是列车安全运行的最大威胁。如果弯道减速时，超过 200 节的火车车厢不能同时制动，将会带来极大的行车风险。朔黄铁路沿线共设置了 260 座 LTE-R 基站，用于保证相互间距离长达 1.5 公里的两台机车实现精准同步和信息通畅。LTE-R 技术的成功应用，保证了无论是在隧道、桥梁还是山区，两组电力机车都可以实现同步操作、同步启动、同时刹车，成为保证重载铁路和实现超长编组列车安全运行的核心。

七、重载移动闭塞技术

移动闭塞是国际铁路公认的提升安全指标和提高运输效率的最佳控制系统，朔黄铁路是我国第一条采用移动闭塞系统的重载铁路。重载移动闭塞技术的应用实现了四个首次，即首次创建了符合我国重载实际运营需求的重载移动闭塞技术体系；首次攻克了面向重载铁路复杂场景的移动闭塞安全防护与控制技术；首次应用了基于 TD-LTE 无线通信及北斗等卫星导航的重载列车再定位技术；首次实现了面向我国重载移动闭塞列控系统的 RAMS 全过程综合保障技术。

重载移动闭塞技术的运用使列车平均发车间隔从原来的 11 分钟缩短至 7.3 分钟；提升了区间追踪能力，减少了周转时间，车厢周转率提高了 34%。朔黄铁路全线完成移动闭塞改造后，年运量可提升 4000 万吨，事故风险发生率降低了 51%，信号系统设备综合维修成本降低了约 20%。同时，也减轻了行车人员、维护人员的劳动强度。

八、智慧车站

在路港一体化、车站－中心一体化、调车翻车一体化、室外作业少人化等理念下，建立重载铁路数字化智能化车站装备技术体系。该体系以5G+AI、双源制电力调车、自动驾驶、智能调度与控制、智能云防等作为基础，开发智能感知、智能决策、智能操控、智能运维、智能评价等功能，实现运输态势感知全息化、预测精准化、计划编制一体化、运力运用资源精细化、作业操作和设备控制自动化。智能车站使调车作业效率提高20%以上，年平均节约人工成本达到1500万元。

九、重载铁路综合检测技术

重载铁路综合检测车作为全球首创，实现了动态检测、静态监控、综合分析、立体养护、状态检修、寿命管理的重载铁路运营检修模式，为智慧检修工作的开展提供了可靠支撑。综合检测车不是简单地将多个成熟的检测系统整合在一起，而是对检测车系统集成的各项关键技术进行针对性研究，包括各种检测设备在车上如何布置、检测设备与列车的接口如何协调、车载多专业的检测数据如何集成等。朔黄铁路综合检测车构造速度为120公里/时，检测速度为80公里/时，由三辆车组成，具备轨道检测、接触网检测、路基道床状态检测、钢轨超声波探伤、无线通信场检测、信号动态检测、红外线轴温探测站检测等七大功能，并通过检测数据综合分析处理系统，深入研判各种病害产生的原因，准确发现问题的根源，并指导养护维修，成为朔黄铁路长周期安全稳定运营的“全科医生”。

重载铁路综合检测技术的应用，实现了减人、保安、提质、增效的功能。在推动少人化生产方面，日均检测240公里可以代替300人工巡查和巡视，推动各检测系统集控应用使综合检测员的工作量降低了50%。在提供高品质检测服务方面，基本实现了轨检三级及以上偏差、接触网一级缺陷的消灭，检测数据支撑维修作业精准规划。延长了地面探伤周期，消除了地面人工探伤需要利用列车间隔在区间正线作业的隐患。在高精准数据支撑高性能设备方面，通过状态控制，实现年均检出病害总量下降81.2%，轨道质量指数提升16.8%。在高智能分析成就智慧化决策方面，2024年，利用数据驱动科学编制大中修计划，替代了周期修，节约成本3.5亿元，基本实现了预防性状态修。

十、重载铁路隧道特种应急救援装备

重载铁路隧道特种应急救援装备，填补了国内铁路隧道颠覆性事故救援设备的空白。该装备是朔黄铁路公司针对隧道救援专题研制的一种新型装备，采用特种车辆和门式起重机结合的设计思路，最大装备载重100吨，最大吊重120吨，可实现隧道内事故车的“吊起、横移、装载、运输”等救援作业，适用于起吊C64、C70、C80等多种车型。通过可升降凹底架、可移动心盘、折叠式升降起重机、自动调平、锁闭油缸等结构设计，增强了作业稳定性；吊、装、运、卸一体化建造，减少了作业环节，提高了救援效率。除隧道救援外，也适用于曲线、坡道多种线路区段救援及大型结构件装卸。重载铁路隧道特种应急救援装备的成功应用，有效解决了铁路隧道救援难题，强化了应急管理装备技术支撑，推进了应急管理科技自主创新。

十一、铁路桥梁换运架一体机

铁路桥梁换运架一体机能够实现在运营铁路不断线、不停运的条件下，完成对既有桥梁的更换，真正做到“即换即通即用”，填补了世界铁路行业整孔换梁施工、“天窗期”完成线上作业的技术空白。世界首台铁路桥梁换运架一体机“太行号”提载带有道砟及轨排的整孔新梁，在天窗点开启后由临近站区编组联运至待换桥位，完成体系转换后，将既有梁整孔提起装车，架设新梁并精调到位，线路恢复后换运架一体机运输旧梁离场。换梁后的线路经大机捣固，迅速恢复运营通车。“太行号”采用了“两车夹一机”的编组运行方式，首创“收折式”设计理念，具备“整机换、运”姿态快速转换功能，折叠状态满足铁路运输需求，无须施工征地，施工不受周围环境的影响，无须对接触网等附属设施进行迁改，适用于各种复杂工况下的换梁作业。铁路桥梁换运架一体机的应用实现换梁时间由 7 小时压缩至 3.5 小时，有效提高了天窗利用率，降低了对运输组织的干扰，全面提升运输效能。

第三章
多元业态　综合协同：增强“产业控制”新动能

明确的发展方向对于企业发展的重要性不言而喻，国务院国资委明确要求国有企业聚焦主责主业和核心功能。从朔黄铁路公司成立伊始，保障能源供应特别是煤炭运输便成为立身之本。然而，在全球能源结构深度变革和国内“双碳”目标纵深推进的时代浪潮中，朔黄铁路公司需要迎接的是煤炭消费量在能源消费中占比下降的现实挑战。国家能源局数据显示，在过去的十年里，中国煤炭消费比重累计下降了 12.1 个百分点，非化石能源消费量翻了一倍多。过往主要以煤炭为主的运输结构给企业发展带来的脆弱性显而易见。铁路作为物流发展的重要支撑，在推动物流发展方面本身就发挥着不可替代的作用。只有将企业发展置于更大的物流行业发展背景中，从横向、纵向和斜向上思考，才有可能寻找到“反脆弱”的钥匙。横向上，将自身积累的煤炭运输、重载运输等技术体系向整个物流行业输出，完成技术资产的价值升维；纵向上，依托重载铁路运输能力向上下游物流延伸，实现铁路运输价值的放大；斜向上，推动自身由能源的使用者向新能源制造企业转型，构建第二战略曲线对冲环境的不确定性。实现向多元运输企业转型、向科技输出企业转型、向能源制造企业转型的“转型三向”，核心是要推动朔黄铁路公司由单一煤运功能向综合多元业态战略转型，本质上走的是一条“运输固本—技术增值—第二曲线构建”的发展路径，不论外部环境如何变化，朔黄铁路公司都需要立足煤炭、不断提升能源保供能力，在此基础上通过知识技术和能源资源的重新配置，构筑产业新动能，实现发展的新突破。

第一节 增强“产业控制”新动能的紧迫性

产业兴则经济兴，产业强则经济强。构建现代化产业体系的根本目的是加快培育和发展新质生产力，不断提升产业创新与升级能力，塑造产业竞争新优势。朔黄铁路公司坚持向综合多元业态转型，着力增强“产业控制”新动能，既契合了国家战略和政策导向，又满足了煤炭运输行业转型升级的需要，更是公司自身实现可持续发展的必然要求。

一、外部环境变化的倒逼

“双碳”目标下煤炭消费比重降低是大势所趋。随着我国经济增速逐渐放缓、环保形势日益严峻，“双碳”目标对我国煤炭高质量发展提出了更高指引，也对煤炭运输行业转型升级提出了新的要求。短期内，煤炭在我国主体能源中的“压舱石”地位不会改变；但从长期看，在“双碳”目标的指引下，煤炭能源的作用和定位正在发生转变，清洁能源将扮演越来越重要的角色。朔黄铁路公司必须及时把握“双碳”目标下煤炭需求新变化，稳妥调整和优化煤炭运输方式，柔性保障能源安全稳定供给，由传统煤炭货物运输加快向多元货物品类运输转型发展。

共建“一带一路”带来煤炭运输市场新机会。按照共建“一带一路”的规划要求，我国将加快推进重点物流区域和联通国际国内的物流通道建设，重点打造面向中亚、南亚、西亚的战略物流枢纽及面向东盟的陆海联运、江海联运节点和重要航空港，促进物流基础设施互联互通。这为煤炭运输企业开展国际化经营、拓展国际煤炭物流合作空间提供了有利条件。2024 年 10 月，中欧班列中亚线路运输业务的成功引流上线，将朔黄铁路公司纳入“一带一路”经济带范畴，增添了“东联西出、海陆互济”的国际物流新通道。

发展战略性新兴产业已上升到国家战略层面。战略性新兴产业代表新一轮科技革命和产业变革方向，是发展新质生产力的主阵地。党的二十届三中全会在推进国有经济布局优化和结构调整方面强调“三个集中”，其中之一是“向前瞻性战略性新兴产业集中”。国务院国资委启动央企产业焕新行动和未来产业启航行动，聚焦“9+6”，即 9 个战略性新兴产业加上 6 个未来产业的重点产业领域方向。因此，纵深推进战略性新兴产业是国有企业的重要职责和使命，也是实现朔黄铁路公司产业升级和提高核心竞争力的重要途径。

二、朔黄铁路公司内部发展的需要

重载技术已经迈向新高度。重载技术的不断突破，为朔黄铁路公司“多拉快跑”提供了支持，也为拓展运输新业务、培育技术服务新增值点提供了更大空间。朔黄铁路公司引进“国能号”等大功率机车，提高运输效率，并研究 30 吨轴重下铁路基础设施强化和改造成套技术，完成 30 吨轴重列车试验牵引任务，推进 3 万吨级重载列车开行试验，已经逐渐构筑起我国重载铁路运输技术的领先地位。

煤炭运输业务遭遇增长瓶颈。我国经济长期高速增长对能源尤其是煤炭有着旺盛需求，再加上国家能源集团产运销一体化运营体制，都为朔黄铁路公司的发展奠定了基础。虽然短期内煤炭需求不会大幅下降，但长远来看，未来煤炭运输市场将面临严峻挑战。煤炭运输量在达到一定水平后可能进入只减不增、相对平衡的阶段。

第二节 聚焦综合多元业态战略转型

朔黄铁路公司以提升自身竞争力、服务国家战略为导向，加快改变企业单一煤运功能的发展现状，向综合多元运输、科技输出、能源制造企业转型。综合多元业态的培育首先要求朔黄铁路公司破除对煤炭运输的单一依赖，探索运输品类的多元化突破。在科技输出型企业培育上，是对企业在发展过程中形成的各类科技创新成果进行统筹开发应用，从只为企业内部发展助益向外延伸到对同行业或领域内企业进行科技赋能，并逐步发展成为重载铁路运输领域内具有自主科技研发能力的科技领军企业。能源制造企业的转型综合考虑了朔黄铁路沿线巨大高差带来的势能和铁路沿线省份新能源资源富集的特点，充分利用铁路运输过程和沿线的空间资源，创造性地提出了从“用能者”向“供能方”角色转型。

朔黄铁路公司综合多元业态转型的过程也是资源深度挖潜和综合应用的过程，运输资源、科技资源、能源资源都实现物尽其用，为企业转型发展注入了不竭的产业新动能。

一、运输固本——向综合多元运输企业转型

当前，朔黄铁路公司在聚焦运输主责主业的基础上，主动拓展运输品类，突破单一煤炭运输模式，逐步探索增加矿石、集装箱、油品等运输品类。明确煤炭运输主责主业，拓展形成矿石、集装箱、油品运输的“三驾马车”发展方向，通过多元化运输品类扩展，提升企业在运输市场的竞争力。

立足做好煤运主业，持续提升能源保供能力。能源供给结构决定了当前及未来一个时期煤炭运输总体保持稳定。依托国家能源集团的总体战略布局，朔黄铁路公司不断稳固能源运输的核心地位。朔黄铁路年运量已经由建设时期的 536 万吨提升至目前接近 4 亿吨。2000 年开通时，外运煤炭 536 万吨，实现当年开通、当年运营、当年盈利、当年还贷；2006 年，年运量首次突破 1 亿吨；2013 年，年运量突破 2 亿吨；2017 年，年运量突破 3 亿吨。人工开行列车种类上，2009 年，正式开行万吨重载列车；2016 年，正式开行 2 万吨重载列车；2024 年 4 月，成功开行 3 万吨级重载列车，该列车是我国目前编组最长、载重最大的重载组合列车。据测算，朔黄铁路每日开行一列 3 万吨级重载组合列车，年可增加运量 315 万吨。

立足优化运输组织方式，加快市场化合作机制。按照网运分离的思路，朔黄铁路公司将业务分为线路等固定设施运营和机车等移动设施运营两部分。在移动设施运营方面，引入市场竞争机制，吸收其他主体组成联合运输单位，在公司的统一指挥下完成运输任务。具体是在市场准入管理下，采用招投标方式选择联合运输单位。机车运用实行一个牵引区段多家联合运输单位机车混跑方式，建立了以“竞争上线、择优上网”为主要特征的市场竞争机制，激励各联合运输单位“多拉快跑”。同时，公司在党建联合共建的引领下，与联运单位探索深度协作模式，形成了牢不可破的“运输上的联合体，安全上的统一体，利益上的共同体”。

大力推进非煤运输业务发展。面对全球能源绿色低碳转型的大背景和国内煤炭消费比重降低的大趋势，未来煤炭市场总体发展规模将保持在一定发展水平上。朔黄铁路作为我国“西煤东运”第二大通道，其运量规模和效益水平与国内煤炭市场规模呈现高度的关联性，未来单纯依赖煤炭运输带来的运输收益增长空间比较有限。在此背景下，朔黄铁路公司从单一煤炭运输企业向综合多元运输企业转型，加快发展综合大物流业务具有重要意义。

2023 年 8 月 14 日，首列满载水泥集装箱的货物列车跨越蒙、晋、冀三省区，驶进朔黄铁路河间站。这是朔黄铁路公司首次开通的服务雄安新区建设的建材运输业务。朔黄铁路公司通过大力开展陆海联运，先后开通铁矿粉、钢渣、碎石、机制砂、矿渣、高岭岩、铝锭、聚氯乙烯、聚丙烯、锰矿、水泥及水泥熟料等 37 项非煤运输业务品类，串联起华北及西北物流大通道，成功构建了大物流绿色供应链体系。2024 年，朔黄铁路公司实现非煤运输量 2266 万吨，创历史最好成绩。

二、技术增值——向科技输出企业转型

实现高水平科技自立自强，是中国式现代化建设的关键。朔黄铁路公司确立了迈向具有鲜明创新底色的科技型企业的目标。这一转型有利于朔黄铁路公司在激烈的市场竞争中保持领先地位，为高质量发展提供强大的科技支撑。一方面，加大引进先进技术和设备的力度，提升铁路运输的自动化、智能化水平。利用先进的信号系统、机车车辆技术和信息化管理平台，提高运输的安全性、可靠性和效率。另一方面，注重加大科技投入，开展科技自主创新与研发，统筹开展技术创新项目，研究开发新型的铁路运输技术和设备，提高运输效率、降低成本。同时，探索利用大数据、人工智能等技术，优化运输组织和管理。此外，朔黄铁路公司深化“产学研用创”合作模式，与铁路部门、高校、科研机构等单位合作，共同推动铁路运输技术的进步。充分发挥科技创新策源地作用，例如，2021 年成功攻克重载移动闭塞技术，在国内率先开行基于该系统的重载列车，有效保障了运输安全，提升了运输效率。

1. 内部专业服务的外部供给

朔黄铁路公司探索将原主要向内提供的产品和服务能力逐步向外拓展。下属数智分公司建成的焊轨基地，具备年焊接长钢轨能力 1000 公里（单轨），在满足自身换轨需求的情况下，未来可以为周边地方铁路、兄弟单位提供焊轨服务。同时，利用钢轨探伤车、重载综合检测车、隧道检查车等全套铁路综合检测大型装备，为铁路运输企业提供大机捣固、大机清筛、大修换轨、维修换轨、钢轨打磨辅助决策等服务，进一步探索开展智能检测检修服务。

在面向外部市场时，通过探索将专业化服务进行一体化整合后形成综合服务并对外提供，能够有效提升市场竞争力。例如，所属数智分公司的综合检测车圆满完成邯黄铁路检测，实现综合检测车首次在国家能源集团外部完成检测任务，为对外服务输出迈出了坚定的一步。

2. 重载技术联合转化，打造科技型企业

为了让重载技术领军示范在商业化市场创造更大的价值，朔黄铁路公司开展的联合转化主要采取以下几种方式。一是与合作研发单位在研发之初就明确成果转化和推广的目标，将科技成果转化作为衡量研发成效的重要指标。例如，铁路探深检测装备研发成功后，与研发单位共同开展市场化运作并共享转化收益。该装备在朔黄铁路的成功应用也成为其一大卖点，助力装备上市销售。二是探索将现有技术成果根据市场需求进行定制开发后转化获取收益。例如，“重载列车平稳操纵辅助驾驶系统”通过市场化转化成功实现了科研收益入账。

三、第二曲线构建——向能源制造企业转型

随着全球经济的快速发展和人口的持续增长，全球能源需求不断攀升。

朔黄铁路作为重要的运输通道，一方面面临着降低能耗、提高能源利用效率的压力，另一方面，新能源开发技术的进步也为朔黄铁路以推动能源供给革命为重点，建设畅通高效的智慧多元能源供应体系，向能源生产者和制造者转型提供了可能。基于此，朔黄铁路公司提出探索从能源消费者转变为能源生产者和制造者，通过光伏发电项目的投产、大数据体系的建设和储能发电设备的改进等措施，不仅为公司带来了新的经济增长点，还为推动区域能源结构调整和可持续发展作出了积极贡献。目前，朔黄铁路公司正探索形成“车地网储用”绿色能源的新模式。“车”就是利用重载列车运行势能产生再生制动发电；“地”就是在铁路沿线布局光伏、风电等新能源；“网”就是通过同相供电的改造，构建贯通的输配电网络；“储”就是在沿线建设储能设备设施；“用”就是实现新能源自用消纳或向下游应用深化，实现由运输通道向发电通道的功能拓展，由电力的消费者向电力的生产者转型。

具体来看，一是朔黄铁路神池南至西柏坡区段地处太行山脉，海拔高程从 1500 米降至 150 米，坡道路段长达 250 千米左右，重载列车再生制动能量约有 60% 通过非制动列车吸收，40% 可反送电力系统。按照 2023 年的数据测算，约有 430 吉瓦时再生能量未能很好利用。因此，改造管内的储能发电设备，逐步将重车势能转换为电力能源，具有极大的增长价值。

二是朔黄铁路沿线区域新能源资源丰富，结合沿线空地、场站等空间，可释放巨大新能源开发潜力。以肃宁北站投放的分布式光伏为例，每年可提供清洁电能 1745.36 兆瓦时，据估算，每年可节约标准煤约 532 吨，减少二氧化碳排放约 1307 吨、二氧化硫排放约 8.79 吨、氮氧化物排放约 8.3 吨。未来，随着分布式光伏资源的拓展，沿铁路沿线进行储能资源的配置，将有机会将朔黄铁路打造成一条绿色能源的生产廊道。

第三节　构建“物流+”现代综合物流体系

物流生态圈的形成和发展是物流产业在新时代适应供给侧结构性改革和产业转型升级的一个重要方向。朔黄铁路公司因企制宜，积极把握现代物流业发展潮流，坚持把“大物流”作为转型升级、高质量发展的重要战略选择，围绕构建“通道+枢纽+网络+平台”综合物流的大构架，建立辐射京、津、冀、鲁、晋、陕、蒙、宁等地的市场营销网，持续推进大宗货物运输“公转铁”，大力发展非煤运输业务，形成链条完整、功能齐备、管理现代、服务战略多元的“物流+”现代综合物流体系，着力打造具有朔黄特色的智慧化综合物流生态圈。

一、构建“通道+枢纽+网络+平台”综合物流架构

面对全球能源绿色低碳转型的大背景和煤炭消费比重不断降低的大趋势，朔黄铁路公司制定实施《“通道+枢纽+网络+平台”规划方案》，加快由单一煤运通道向综合多元运输企业战略转型。朔黄铁路公司发展综合大物流业务具有重要意义：一是可以有效增强大物流通道能力，为年度总体运输任务的完成提供有力支持；二是可以有效利用返空运输能力，确保运力的有效利用和运输效率提升；三是可以弥补朔黄铁路作为煤炭运输专线业务品种单一的短板，分散市场风险，实现向综合多元业态转型升级。

优化通道建设，打造高效绿色运输网络。通道建设方面，朔黄铁路公司充分发挥国家能源集团“煤电路港航、煤电油气化、产运销储用”一体化运

营优势，聚焦主责主业，提高能源保供能力。第一，做优做强朔黄主通道，巩固朔黄铁路“西煤东运”第二大通道的主体地位。通过压缩列车追踪间隔、增加 2 万吨车站和到发线数量、新增 3 万吨级车站、提高主要技术站组合分解能力、提高运营智慧化水平等措施，将朔黄铁路的运输能力从 3.5 亿吨提高到近 4 亿吨，正稳步推进 4.5 亿吨扩能改造，以进一步提高能源保供能力。第二，完善配套辅助通道，构建“一干两支、多通道集疏运”的基本运输网络布局。2024 年 9 月，国家《京津冀协同发展“十四五”实施方案》重点建设项目——朔黄铁路黄万线电气化改造完成并开通运营，为京津冀一体化发展打通一条更加清洁、便捷的铁路运输通道。该工程被列入国家京津冀协同发展“十四五”规划重点建设项目、2024 年天津市重点建设项目清单和天津市建设国家综合货运枢纽补链强链项目。开通后，新型电力机车替代传统内燃机车牵引，使陕西、内蒙古等地的优质煤炭资源可以通过电力机车的牵引无缝直达天津港，提升了作业效率。黄万线年运输能力可提升 300 万吨，预计每年减少燃油使用 4.76 万吨、降低二氧化碳排放量 14.8 万吨，将极大改善铁路运输条件，提升铁路装备水平，增强直通天津港运输能力，对促进国家绿色低碳交通运输结构调整、增强与京津冀区域的互动与融合发展具有十分重要的意义。第三，助力构建国能大通道，以服务国家重大战略、拓宽产业领域为使命。配合上下游企业联改联动，构建运力大、能耗低、绿色环保的国能大通道，与煤电运化各产业有效衔接，构建“西联宁夏、东达渤海、北接内蒙古、南下山东、覆盖沿海、贯通内河”的高效能源运输网络。第四，积极融入强国通道，加强与国家交通网络互联互通，融入交通强国立体物流体系。通过定州西站、肃宁北站、李天木站连接京广线、京九线、京沪线等国家铁路干线；通过一体化神木北站（神朔线）连接神延、西延、西康、襄渝铁路；通过万水泉站（包神线）连接京包、临哈铁路，全面融入国家“五纵四横”骨干铁路网。依托国家能源集团路港航运输体系，向东通过黄骅港、天津港构建铁海联运通道，向西通过甘泉线加强与蒙古、俄罗斯联系，构建中欧班列辅助集结中心，加快融入国际物流大通道，共建“一带一路”。

统筹枢纽建设，构建服务国家战略的综合运输枢纽体系。在枢纽建设方面，朔黄铁路公司统筹兼顾、系统谋划，通过分类分层建设物流综合枢纽、路网枢纽，快速拓展朔黄铁路东西南北物流辐射的深度和广度，形成服务国家战略和区域协调发展的综合运输枢纽体系。第一，系统谋划综合枢纽，发挥物流集散功能并和公铁衔接。谋划建设六个综合枢纽，增强区域物流集散功能。第二，畅通升级路网枢纽，发挥互联互通功能。通过改造升级神池南、肃宁北、黄骅南三个路网枢纽，进一步加强与集团内部铁路及国铁铁路的互联互通能力。通过建设黄大疏解线和黄万疏解线，实现车站咽喉立体交叉，减少列车干扰，提高车站能力与畅通水平。第三，优化支点枢纽布局，增强物流集散与区域辐射能力。通过优化沿线支点枢纽，提升货物集散能力，扩大物流辐射范围，推动运输模式的创新和转型。

推进网络建设，完善区域综合交通运输物流体系。在网络建设方面，朔黄铁路公司抢抓“公转铁”政策机遇，积极推动专用线建设。通过加强与周边企业互联互通、拓展多式联运通道、优化运输网络布局、实施补链延链强链行动等一系列举措，打造完善的区域性综合交通运输物流体系。

对接“国能 e 商”平台，建立现代化综合物流服务体系。在平台建设方面，朔黄铁路公司充分发挥“国能 e 商”煤化运供应链数字化协同经营平台的功能作用，聚合国家能源集团大通道运输能力、多基点战略枢纽布局和完备高效的运输网络支撑，为客户提供一站式“端到端”物流运输方案。通过打造开放的平台，真正实现客户无障碍沟通、信息充分共享、需求快速归集和交易快速达成的物流运作新范式。

二、打造智慧化综合物流生态圈

物流业作为实体经济的“筋络”，是畅通国民经济循环的重要一环。当前，我国物流业已从追求速度规模的时代步入质量效益提升的新阶段，正面临前所未有的变革机遇。从我国铁路运输行业产业链来看，上游主要涵盖钢铁、机械制造、铁路设备制造等领域；中游为铁路运输行业，包括铁路建设、运营及维护三个部分；下游主要应用于煤炭、矿石、工业、基建、消费品、旅游等领域。传统的铁路运输方式难以满足现代物流发展的需要，向现代物流转型成为当务之急。特别是随着 ESG 理念的引入和数字化、智能化的深度应用，铁路运输行业亟需借助绿色可持续与数智化等新动能，构建更加高效、可持续发展的智慧化综合物流生态圈，使物流运输更加智能、快捷、安全。在此背景下，朔黄铁路公司正加速从单一煤运通道向综合多元运输转型，推动综合大物流发展，积极构建开放、协作、共赢的智慧化综合物流生态圈。

第一，智慧化综合物流生态圈的核心在“圈”。朔黄铁路公司推动大物流产业发展从“链”入“圈”，不断扩大综合大物流产业链“朋友圈”，多角度发力涵养外部合作生态圈。“共生、互生、再生”是大物流生态圈的基本特征。共生指的是“物流 +”现代综合物流生态圈内的各个组成部分，如物流资源、技术、资本、信息、金融、数据等，相互依存，共同构成一个稳定的生态系统。互生强调的是在这个生态系统中，企业之间通过互动和合作，从合心到合力，从合力到合赢，能够创造出更大的价值。再生指的是“物流 +”现代综合物流生态圈能够通过循环和再利用资源，畅通资源循环利用链条，减少浪费，提高效率和可持续性。

第二，智慧化综合物流生态圈的基础是“生态”。朔黄铁路公司立足构建链条完整、功能齐备、服务多元的“通道 + 枢纽 + 网络 + 平台”现代综合物流体系，在聚焦煤炭运输主业，充分担当好能源通道使命的同时，全面推动综合大物流体系建设，坚持传统产业和战略性新兴产业“两端发力”，构建一个企业发展欣欣向荣的“雨林生态”，打造一个集平台、人才、资本、产业、技术、配套服务及环境于一体的相互促进、相互影响的网络系统。

第三，智慧化综合物流生态圈的关键是突出“智慧化”和“综合物流”。朔黄铁路公司注重因地制宜，在巩固既有运输业务的基础上，加快从传统运输业务向综合大物流业务转型，通过数智化精益管理系统，应用信息化、数字化、AI 技术提升铁路运输管理水平，不断培育新产业、新业态、新模式，形成运输主业、综合大物流、新兴业务等深度融合的经营模式，构建相互赋能、融合共生的综合物流生态圈。

三、发展综合大物流的模式和经验

（一）发展综合大物流的“三化”模式

1. 专业化运作：公司层面成立专业化物流分公司

朔黄铁路公司的大物流业务由专业化的物流分公司统筹。该公司业务范围涵盖铁路运输、装卸仓储、多式联运等，负责管理公司沿线 20 个货场的装卸及道砟发运业务，涵盖砂石料、道砟、铁矿粉、钢材（螺纹钢、方钢）等品类，沿线货场年最大接卸能力约 3300 万吨；负责管内 36 个货运办理站的货运制票、货运检查（装载加固、超偏载检查、封堵、防冻抑尘等）和中间站的车号、统计等业务，并负责向专用线、专用铁路接入交出列车的货运交接检查等工作。

2. 平台化变革：打造物流发展大平台

依托“国能 e 商”平台构建大物流网络服务平台。“国能 e 商”平台上线，发挥了信息联通的作用，支撑了一站式“端到端”物流运输服务的实现。通过该平台，朔黄铁路公司组织开展代理商及外部客商业务培训，指导其开通平台账号、业务频道，建立货代关系。2024 年 2 月 22 日，“国能 e 商”首单大物流业务在朔黄铁路滴流磴站正式落地实施，主要运输的品类为集装箱矿渣。

3. 市场化经营：构建大物流市场营销体系

通过创新营销模式、拓展营销范围等方式构建大物流市场营销体系。市场营销网辐射北京、天津、河北、山东、山西、陕西、内蒙古、宁夏等主要区域。在营销方式上，采用专职人员实地走访、新媒体宣传等多种手段，提升大物流品牌在市场的影响力。在营销客户选择上，划定重点营销范围，积极走访运能覆盖范围内的冶金、建材、发电等行业的大型厂矿企业，掌握原材料及产品供需情况等市场信息。

（二）发展综合大物流的主要经验

1. 与国家战略和“一带一路”建设的深度融合

主动融入国家重大区域发展战略。朔黄铁路公司紧跟国家重大区域发展战略，服务好雄安新区、环渤海经济圈建设。围绕山东、京津冀、西北等沿线各区域集聚的特色产业衍生出的铁矿（粉）、建材、钢材、原油、化工品等品类运输需求布局综合物流业务。山东省是国内炼油产能最大的省份，炼油能力约占全国的 26%，黄大线途经滨州、东营等地，可对接山东省有关港口和物流园的成品油运输需求，通过黄大线、朔黄铁路及神朔线、包神线，覆盖河北石家庄（灵寿）、山西忻州（东冶）、河北沧州（沧州西）、河北保定（新曲）、内蒙古鄂尔多斯（达拉特旗）等地市场。京津冀区域是国家能源集团路网系统东端桥头堡，通过对接天津港、黄骅港进出口铁矿、锰矿、有色金属、原油、化工品运输需求，发挥传统港口周边配套设施完善的独有优势，稳定和扩大了朔黄铁路公司等既有大型客户运输业务规模。在朔黄铁路公司的不懈努力下，直供雄安新区瓷砖集装箱海铁联运新通道全面贯通。在西北区域，重点对接内蒙古中部、陕西及山西北部的大型产业集群的钢材、矿石、氧化铝、水泥、粉煤灰、脱硫石膏和炉渣等大宗货物运输需求。同时，与包神铁路、新朔铁路、东乌铁路、三新铁路等接轨铁路深化合作，根据内蒙古、陕西、山西省物流市场总体布局，开发内陆无水港大宗货物市场。

服务“一带一路”建设。中欧班列是“一带一路”共建国家间集装箱铁路国际联运的重要组成部分。为成功拓展服务“一带一路”的运输通道，朔黄铁路公司通过上门拜访、发掘货源等方式，利用铁路货运的成本优势，于2024年10月完成首列中欧班列中亚线路货物转运。

2. 与重点企业建立战略合作关系

深度融入沿线重点企业物流链条，根据供应链上下游实际需求，对枢纽站点实施优化，针对未来可能开展的诸如油化品、钢材等新增货种，增加符合现代化物流产业发展需求的设备设施（如龙门吊、正面吊、叉车等各类重型机械）。以与沿线某公司的合作为例，双方自2016年开启合作，多年来始终保持良好合作态势，2024年承运该企业铁矿粉反向运量达1800余万吨。朔黄铁路公司发挥自身稳定、绿色运输的优势，在2021年初，开展膨润土、焦炭运输业务，保障合作伙伴的原料供应。

3. 创新需求导向的多元运输方式

拓展集装箱多式联运，集装箱为多式联运的标准货物，在已经开展集装箱运输的基础上，朔黄铁路公司继续扩大集装箱运输的规模，推动形成新的运量增长点。推进“散改集”运输模式，对适箱货源综合统筹，实现同品类货物多站点、多模式运输，促进区域内货物运输方式战略转型，助力京津冀地区煤炭运输集疏港实现“公转铁”。探索全程物流新模式，根据当前市场“门对门”“一票到底”发展趋势，与第三方物流企业合作，将铁路运输以外的仓储、短驳、物流配送等延伸性服务纳入一体化物流方案，实现沿线非煤货物运量增长。

国家能源——不断前进的动力
国家能源集团
CHN ENERGY

第四章
组织变革　模式创新：激活“企业治理”新动能

铁路运输高度集中，各环节工作紧密联系，组织模式需要更强的协调能力和统一指挥，才能在最大程度上避免部门间沟通不畅、集中控制不足等潜在风险。从系统观念来看，组织模式是一个动态、开放且不断演进的复杂系统，在组织演变的“分”与“合”中，朔黄铁路公司选择以统筹兼顾、综合平衡的方式开展企业治理体制机制的改革，核心是在铁路运输企业探索与高效管理方式相适应的更扁平化的组织结构、更顺畅化的跨部门协作和更标准化的业务管理流程，具有专业整合、功能融合、权责聚合的三大组织管理变革特征。专业整合主要体现在基层站段领域打破工务、电务等专业分割建立中心站一体化管理模式，在综合服务领域通过一体化整合并设置共享服务中心，在黄大铁路试点中心制运营管理模式。功能融合体现在跨部门协同基础上建立五大专业委员会，在施工运维领域开展以分区段综合性维修为核心的联合运维。权责聚合体现在按照权责统一原则将分公司由成本中心升级成为成本利润中心。

总体来看，组织模式变革不仅体现在继承原朔黄模式机构精、用人少，技术新、效率高，管理优、效益好等核心理念的基础上，还体现在创新链、产业链、人才链、机制链、数据链等领域之间的融合实践。

第一节 组织的专业整合

组织的专业整合指通过重组组织内部的专业资源、技术能力和知识体系，组织将同类或相关业务活动集中管理，形成集约化、模块化的核心能力集群，以提升效率和专业能力。其核心是通过部门化设计（如职能部门化、产品部门化等）实现资源的集约化配置，并基于专业知识的积累形成标准化流程。朔黄铁路公司在基层站层面推进具有区域集中管理特征的中心站建设，在公司层面整合成立共享服务中心提供综合服务，并且以黄大公司为整体试点开展中心制运营管理模式。

一、实行中心站一体化管理

（一）中心站改革的必要性

“站”和“车”是朔黄铁路公司“121”发展战略落地的落脚点。中心站改革是确保新时代朔黄铁路公司新质生产力和新质生产关系相匹配的重要举措，是提升公司一体化核心竞争力的机制与体制保障，也是实现精益管理、提质增效的关键步骤。中心站的成立起因于解决朔黄铁路公司现阶段专业条线管理存在的一系列矛盾问题，由专业、条线管理转变为区域集中管理，将同一时空下各专业人员汇集在一起进行一体化管理。这有利于突破专业壁垒，提升协同作战能力，实现专业间的深度融合，强化风险防控和效率提升，促进管理水平和管理效能的整体提升。

条线间的协同和融合不足。从生产角度来看，过去子分公司下属的站段按专业、条线进行管理，导致铁路工务、电务等专业条线之间关联性较弱，相互之间没有协同和融合。同一区域内各条线各自为战、协同不强、分界薄弱，管理交叉重叠问题突出，造成现场资源和人员的浪费。例如，在原先的模式下，各个工队的专业设备和人员都是自己的，资源利用、分配方面存在浪费问题，一体化程度不高、责任压实不明确，对公司的发展不利。

专业间的资源整合和统筹不足。朔黄铁路公司管辖近900公里线路，共有51个铁路站段，不同子分公司的社保、采购、财务等管理能力参差不齐，公司本部对同类型工作集中统一管理的力量薄弱，管理效率低下，且存在部分小站小点因“鞭长莫及”导致的管理弱化现象，不利于跨专业资源整合、协调联动与统管统配。同时，各子分公司管理文化存在差异，制度规范复杂多样，一定程度上阻碍了人员合理调配，制约了管理效率的提升。

属地区域的横向监督和风险防控不足。改革前，朔黄铁路公司各子分公司统筹协调车站区域综合管理工作，站区党组织书记作为总负责人，负责站区的党建、后勤、文化建设等日常运营管理工作，但不负责专业管理的相关工作，对各工队队长没有行政管理权限；供电、工务、电务、通信等专业设置工队队长作为现场工作的负责人，统筹相应专业模块的现场施工、维修等工作，确保现场运营的安全与正常运作。由于各子分公司铁路站段一直按专业和条线进行管理，涉及面较广，分散下去后，只有从上到下的一道监督，缺少属地区域的横向监督，风险识别、防范与应对能力不足。

（二）中心站的建设思路

中心站改革是朔黄铁路公司影响长远的基础性变革。公司充分认识做好中心站改革的重要意义，紧紧围绕中心站“是什么，干什么，怎么干”的管理逻辑，按照“三个四”即“四个第一”“四个根本”“四个统合”的中心站基本建设思路，打破壁垒，消除瓶颈，实现中心站各生产要素在同一时空内的高效协同，真正做到保安全、提效率。

1. 四个第一

明确中心站是什么。中心站是产品制造的第一现场，安全生产的第一防线，全面从严治党、反腐败斗争的第一阵地，公司发展战略落地的第一要处。因此，中心站是朔黄铁路公司实现健康高质量发展的根基，只有中心站高效生产、杜绝廉政风险、保障安全，才可以筑牢朔黄铁路公司保障能源安全供应的基础。

2. 四个根本

明确中心站要干什么。中心站的各项工作及公司、分公司两级机关对中心站的管理、指导、服务、监督主要聚焦完成任务、保障安全、做好监督、带好队伍这“四个根本”展开，目的是在中心站建设过程中，思路不偏离，主业不失焦，不给基层造成负担。

第一，完成任务。中心站作为运输服务产品制造的第一现场，首要任务就是保障货物运输任务的各项作业能够高效完成，除了完成货物运输各项作业外，还需要完成列车接发、会让与越行，车列的解体与编组，机车的换挂与整备，车辆的检查与修理等。同时，朔黄铁路公司的中心站还需要对区段内供电系统、信号与通信设备、铁路线路设施等进行维护维修，保障支撑列车运输任务的各项设备设施健康运转。

第二，保障安全。中心站是落实朔黄铁路公司“生产安全”“政治安全”“法治安全”的第一防线。在朔黄铁路公司“12571”大安全管理体系和监督体系的指导下，开展具体执行落实工作。

第三，做好监督。围绕月度监督工作清单，将监督项目、内容融合到各项工作任务清单，以中心站生产经营廉政风险防控图为指导，聚焦重点时间、环节、领域、人物等管控重点，常态化开展监督工作；围绕“过去的问题不再发生、未来的风险有效防范”安全管理理念，对照近期及历年同期发生的安全问题，结合年度、月度任务铺排和重点工作，辨识出周、日工作任务的风险及安全隐患，制订针对性卡控措施；明确作业范围和内容，牢牢抓住人与车、人与电、车与车等关键环节，严格把控好高风险作业，确保施工和维修作业的安全。

第四，带好队伍。坚持以高质量党建引领保障安全生产，使党建与业务深度融合，同频共振、同向发力。以公司“朔黄红”文化为主线，提炼中心站特色文化，讲好品牌故事，增强员工的凝聚力和向心力，落实中心站建设“四个根本”的核心。强化专业落位，结合作业项目、现场作业环境、设备设施现状及安全风险隐患，统筹人员安排，让懂安全、讲安全的人干安全的事。同时注重复合型人才培养，以消除设备专业结合部养修不到位的问题为目标，围绕“主体环节专业干，辅助环节共同干”的原则，结合各项工作任务清单，积极推进中心站融合大讲堂，促进中心站队伍持续充满活力。

3. 四个统合

明确中心站怎么干，即计划统合、组织统合、管理统合、考核统合。

计划统合是以计划先行将中心站的全部工作都统一到一张基本图上。具体做法是：各中心站基于所有的生产组织工作绘制“生产作业联动图”和“经营廉政风险防控图”等计划图，再根据实际需要，构建出其他能够辅助生产作业的计划图。基于计划图的指导，中心站在天窗作业、施工维修、食堂管理等方面的工作都可以实现统一沟通协调和精细化地按图运行，做到管理高效、风险互控、安全运营。

组织统合基于按图运营的基本逻辑，各专业以后不再是传统的条线式管理，而是要根据计划的逐步推导和分阶段验证，明确各环节、各岗位的工作职责和内容，确定与现场适配的科学组织架构，围绕中心站的各项工作，每个人都有责任分工，不再是某个专业领域、某一条线的事情。

管理统合在计划、组织、考核的基础上，统筹各项管理工作要求，如党建、监督体系、人才培养、后勤保障等，建立配套机制制度，形成管理层面的融合。

考核统合突出“风险同担、利益共享”原则，加强考核成绩与所有人的利益捆绑，鼓励各专业突破壁垒限制，相互监督，避免“蝇贪蚁腐”，确保中心站整体的良性运作。

（三）中心站改革的主要做法

中心站改革按照“分类组建，标准化建设，科学构建管理架构，完善工作方法”等步骤逐步推进，主要做法如下。

分类组建中心站。中心站的构建过程本质上是对一线专业工队的整合，中心站定位为成本责任中心，将分子公司对基层单位在生产、业务、党建、综合等方面的考核及管理职责下沉到中心站，实行检查职能上移、区域性集中、检养修分开、专业化检修、管理类综合的模式，将原先采用条线管理的多家基层单位整合成一定数量的中心站。朔黄铁路公司的中心站包括中间站和技术站。中间站指的是两个技术站之间的车站，其主要任务是管理区间的固定设备，相对比较简单，主要负责列车临时保留停靠、装卸煤或者运输需求等；技术站是指那些执行特定技术作业和服务的车站，有比较多的类型，这些车站作业比较简单，通常负责列车的技术检查、改编、调度等功能。

全面推进中心站标准化建设。朔黄铁路公司发挥一体化优势，全面推进中心站标准化建设，在中心站标准化方面，按照“13445”总体设计思路推进中心站标准化建设。“1”是指围绕一个目标，即车站一体化综合管理为目标；“3”是指增强三大功能，即政治功能、组织功能、独立经济核算功能；“4”是指落实四个统一，即统一施工维修计划、统一设备巡视巡检、统一现场防护体系、统一故障应急处置；“4”是指实现四个共享，即人员、物资、工具、车辆共享；“5”是指发挥五个作用，即四级监督作用、综合审批作用、专业融合作用、高效协同作用、复合型人才培养作用。

科学构建中心站管理架构。各中心站在站长的全面统筹管理下，由副站长牵头负责党建综合组、生产计划组、安技运维组；根据中心站业务实际情况下设五六个专业班组，管理多个作业小组。管理组层面，履行“条”管理职能，抓业务对接和管理提升；专业班组层面，履行“块”落实职能，完成各项安全生产及日常管理任务。例如，东冶中心站将原工队整合为 6 个专业班组，合并 4 个专业副站长办公区域，由点对点的沟通模式转变为多专业交互的研讨模式，有效提升沟通效率，减少重复性工作。同时，中心站内各项工作通过条块结合的方式进行管理，保障了专业工作的规范性与综合事务的一体化管理，提升了资源利用效率。例如，黄骅南中心站细化分工责任，确保逐级落实。结合各专业工作性质和特点，坚持“分工明确，作业统一”原则，对中心站各项工作进行细致梳理，对党建、运输、施工、安全、技术、教育等 19 项工作进行职责划分，实现岗位职责清单化、明示化、链条化，确保各项任务责任层层落实，实现在公司、分公司分配工作时专人专责。

高效运用中心站工作方法。第一，利用生产作业联动图推进一体化工作。

生产作业联动图是以列车运行图为经营基础，机关生产部门和中心站每月统筹规划各专业工作计划，通过时间线和空间线的铺画辨识出各项作业在时间和空间上是否存在冲突、是否需要统筹。按照不同运量合理匹配运能运力、运输资源，确保在科技投入、工程投资、设备更新改造及人员配置方面实现最优化。第二，利用经营廉政风险防控图实现“一体两翼”监督。经营廉政风险防控图是通过铺画出整个中心站生产经营、物资采购、工程施工等具体的实施项目，对中心站所有经营业务进行风险辨识，确定监督重点项目及关键环节，并进一步制定监督清单。在此基础上，由中心站站务监督委员会和专业监督为“两翼”开展监督。例如，黄骅港中心站完善日常例会制度、明确重点监督事项、建立“三个整改清单”，实现“有形覆盖”和“有效覆盖”并重，打通基层监督“最后一公里”。肃宁北中心站充分利用“两张图”与“四个清单”联合作用，做到施工计划、生产维修、重点工作、人员配置等要素与成本预算、天窗设置、运输指标合理匹配，逐步实现计划、天窗、作业三个融合。

（四）中心站改革的实践成效和启示

中心站通过整合组织架构，推动全面管理统一，运用“两张图”实现生产经营一体化协同，显著提升了各项工作的效率与安全，有效保证了经营管控计划、按图运营计划的落实，主要成效如下。

强化党建引领，抓实基层党建工作。中心站以高质量党建为引领，通过“一岗双责”推动党建与业务工作的深度融合，加强政治、组织、作风建设，统一思想、凝聚共识，营造了良好的工作氛围，汇聚起强大的发展合力。各中心站着力推进“朔黄红”文化建设，开展不正之风和腐败问题集中整治及

“工程、物资、招采”三大领域攻坚战，推动党建工作融入生产实践。例如，龙宫站党支部围绕重载铁路最丰富的场景在龙宫，最宝贵的数据财富、数据资产在龙宫，最优的方案、最全的资源库在龙宫，创建属于龙宫中心站地域特色的党建品牌。

强化一体化管理，发挥组织合力。一是实现专业整合，中心站管理模式打破了传统管理模式下的专业壁垒，以对各专业班组的统筹管理，强化各专业间的资源整合和协同联动，提升了整体管理效能，推动各项工作稳步推进。也改变了过往站区只负责各个工队、各个车站间协调的职能，中心站对各专业班组实现直接统一管理。二是中心站通过所有工作铺排到一个计划、一张图上，从而实现统合施工管理、降低施工成本，减少了施工工程数量与施工作业对环境的污染，降低了对生产生活影响。

强化风险管控，夯实安全生产责任。中心站模式实现了廉政风险、计划不能准确确定带来的组织风险、计划随意无序变更带来的安全风险等有效遏制。中心站通过多层次的监督体系，严格立项审批流程，确保项目合规，实现了生产风险的源头控制与全过程监督。同时，中心站始终坚持安全生产，通过强化安全检查、隐患排查等措施，明确日常工作分工、作业组设备包保、施工项目负责制等，压实安全责任，确保了生产的安全性。

总体而言，朔黄铁路公司通过深化中心站改革，全力建设具有重载铁路特点的基层管理架构，持续提升重载运输企业基层治理效能，具有如下重要的借鉴启示。

基层管理效能方面，实行中心站一体化管理，能够从根本上加强基层组织建设、提升基础管理水平、夯实专业基本功。2024 年 9 月，朔黄铁路机辆分公司机务电力运管中心 3 万吨指导组荣获“中央企业先进集体”称号。

供应链协同管理方面，通过构建一体化工作格局，打破专业间的沟通壁垒，实现跨专业资源整合、协调联动、统管统配、链接无缝，确保各专业共同保障运输生产的稳步进行。

人才队伍培养方面，中心站改革的核心在于将管理权限赋予站长。这一举措不仅突出了对基层干部实干实绩实效的要求，也为他们提供了锻炼综合能力的良机，充分调动了站长在“管”与“做”方面的积极性，为公司的人才队伍建设提供了坚实保障。

二、成立共享服务中心

1. 共享服务中心成立的必要性

共享服务中心是一种通过共享服务流程、技术和资源而产生的企业组织结构。通过专业化的服务流程与规模化的运作，共享服务中心能够显著提高企业服务质量、优化管理流程，进而提高企业工作效率，促进企业聚焦核心业务，增强核心竞争力。

随着经济全球化的发展，跨国公司和企业兼并不断增多，许多大型公司财务分散、重复劳动、效率低下及资源浪费等不能适应企业和时代的发展，共享服务中心管理模式正是在此背景下最先在国外发展起来的。最早使用共享服务中心管理模式的是美国福特公司。20 世纪 80 年代，福特就在欧洲建立了共享服务中心，随后通用电气等公司也建立了类似的机构。随着共享服务中心的成功应用和推广，国内不少国有企业和民营企业也开始探索创新共享服务模式。

朔黄铁路公司多年来持续开展对标管理提升，在管理方面取得了显著成效，但现阶段内部管理也还存在一些待完善的地方，如本部机关职能管办未分离，事务性、支撑性工作较多，存在既当“运动员”又当“裁判员”的现象；本部机关服务专业化不足，主动向下服务意识不够，没有充分关注和重视基层的实际需求；规模效应不足，部分职能设置分散，职责履行不集中、效率低下。基于此，朔黄铁路公司成立共享服务中心，既是适应新时代共享服务发展的迫切要求，也是公司持续做好内部管理资源深度整合、实现机构职能优化协同高效的必然要求。

2. 共享服务中心的内涵特征

共享服务中心的定位——共享服务中心以内部服务市场化为核心，推动公司从传统的综合业务管理模式向以服务为中心的专业化综合业务共享模式转变。通过在公司范围内进行跨单位、跨地域、跨专业的业务整合与资源统筹，建立内部服务虚拟核算和共享服务评价机制，发挥支持公司本部、补益基层单位的作用，实现提质增效、规模效应和成本节约。

共享服务中心的业务范围——将共享服务业务范围界定为监督、服务、新兴业务三个板块，包括工程项目管理、审计合规、安全环保监察、综合业务、社保退休、人力资源、新闻宣传、业务财务、新能源九个业务类别。其中：

监督板块，进一步发挥“工程管理、安全监察、审计监督”三把利剑作用，以计划为抓手，通过资源整合、同向发力，防范化解政治风险、安全风险，助力公司打造现代企业治理新范式。

服务板块，以组织体系化、管理规范化、服务精细化为宗旨，持续流程优化再造，提升综合业务、人力资源业务、新闻宣传业务和业务财务业务等水平，探索管办分离模式，提高管理效率、增强专业水平，明确管办职责划分，在保持相对独立的情况下加强协同配合。

新兴业务板块，依托朔黄铁路自有资源，深耕“铁路＋新能源”发展模式，综合开发新能源业务，提升公司绿电制造与利用率，达到绿电规模化、效益化。

3. 共享服务中心的主要做法

对公司管理职能、资源进行深度整合。针对不同业务，结合流程优化、标准化建设、信息化程度、员工招聘与培训、运营规则制定、服务水平与费用控制标准等实际进展情况进行分类，建立拟承接业务清单，有序推进业务承接。例如，过去各子分公司分设社保专责，各单位社保业务分开管理，现在集中起来全部纳入共享服务中心实行专业管理，既实现了管理质效提升，又整合了力量，节约了人力资源。

将共享服务中心作为机关的抓手，代表机关职能部门向下服务监督。公司本部机关管理职能之外的事务性工作全部由共享服务中心办理，通过在机关和基层之间搭建中间纽带和桥梁，实现管办分离、有机联动，全面释放公司机关管理职能，使公司机关有更多精力去思考谋划公司长远健康发展、推行精益管理、践行“四下基层”和“三个三”工作法[①]等，更好地发挥管理职能，真正把该管的事都管精、管好。

4. 共享服务中心改革的实践成效

朔黄铁路公司共享服务中心改革顺应了新时代共享服务的发展要求，由管办不分、多头保障升级为集约共享，在行政保障资源整合、集约高效、两级机关人员精减的基础上，实现高效、高质量、低成本服务。朔黄铁路公司共享服务中心改革取得的实践成效主要体现在以下方面。

---

① “三个三”工作法是指两级机关党支部每季度下基层不少于三次，发现问题不少于三条，取得管理成效不少于三项。

监督业务开创新局面。工程管理方面实现新招标项目有序实施，既有项目存量有效减少，对重点施工开展专项管理，通过“三年规划”及“分步走”路线图提质量，管理模式不断优化。构建起了严密高效审计内控体系和涵盖各维度风险的管控体系，内控机制得到有力完善、企业抗风险能力持续加强。安全环保检查通过制订专业监督清单，实现精准监督。

服务业务探索新模式。会议接待、公务用车等保障能力有效提升。各类人力资源服务进一步实现了合规办理、规范办理、及时办理，更好地保障了员工利益。员工健康管理水平显著提升，员工的幸福感和归属感显著增强。业务和财务实现了深度融合、一体化协同运营，有力支撑公司战略目标的实现。

三、黄大铁路中心制运营管理模式

黄大公司作为朔黄铁路公司的控股子公司，其现有运营线路全长 216.8 公里，于 2020 年 12 月 26 日正式开通运营。线路起自朔黄铁路黄骅南站，经河北省沧州市、山东省滨州市、东营市，于大田家跨越黄河，经潍坊市，接入益羊线大家洼车站，设 10 个车站。该线路被列入《中长期铁路网规划》和《推进运输结构调整三年行动计划（2018—2020 年）》，是国家 I 级、单线电气化重载铁路，在国家能源集团铁路运输板块中占比 9%，具有重要地位。自开通以来，黄大铁路面临了前期资金紧张、后期建设成本高、运量低等一系列问题。但是，黄大公司也具备自身独特的优势，一是新建线路设备相对稳定，标准较高，质量较好；二是配备了最新的 CTC 3.0 装备，具备集中操控的条件；三是由于运量不高，运营成本、维修量、作业干扰及安全风险系数相对较小。

黄大铁路具备探索新运营管理模式的条件。传统运营管理模式下，铁路各专业管理层级平行，没有统一隶属关系，专业间整体呈现各自为战、协同不强、分界薄弱的问题，不利于实现各专业间人员统一调动、资源集中调配、信息及时互通，专业管理成本较高、生产力布局调整困难。通过创新中心制管理模式，人力、物力、财力等资源更加优化配置，管理过程中各专业融合更加紧密，工作思想、工作目标、任务分解更为统一，有助于提高人员劳动生产率，保障各项工作有序开展、管理水平有效提升。

具体而言，黄大公司新的运营管理模式主要体现在以下几个方面。一是推行集中化控制、集中式监测。将 10 个车站行车组织集中在调度中心进行操控，黄大线各车站逐步实现行车室无人值守模式，探索建立用人少、管理成本低、效率高的新型管理模式。2024 年 7 月，黄大公司（黄骅南站 – 大家洼站）集控模式正式启用。该模式通过实施“调度指挥 + 中心集控 + 车站应急值守”的一体化管控，缩短了调度指挥的路径，有效提高了运营效率，降低了运营成本。二是推行无人驾驶等新技术赋能。通过行车室无人值守模式，倒逼并引导科技创新，解决机车上线、CTC 的集中分散式控制切换、自动过分相、机车超视距异物侵限防范技术等一系列技术难题，逐步实现集中式操控和无人驾驶。三是维修转变为“内检外修、检修分离”模式，自管 + 联运人员负责设备检查、应急处理，联维单位负责设备日常维修。每公里用人由 3.01 人减少为 2.14 人。四是打造绿色生态示范站段。黄大铁路利津站地处黄河三角洲，是国家级绿色生态示范区，因此，公司积极践行“两山”理论，大力推行“绿色站区”“零碳站区”建设，通过在利津车站周边线路两侧边坡种植适宜的花卉，建立观光式花海长廊。此外，还将滨城车站作为“零碳站区”示范，应用光伏和水循环处理系统，使站区成为生态站区。五是实行区域集中式管理和统筹。通过将管理机构和管理成本集中在几个区域，实现管理成本的极度压降，节约下来的人力资源可以分配到更重要的地方，也可以使新毕业的大学生能够脱离传统的繁重业务，把一部分精力放在学习培训上，为公司人才的储备和梯队建设提供助力。

第二节　组织的功能融合

功能融合强调不同组织单元或外部主体间的业务协同与资源共享，通过打破边界实现功能互补。其本质是构建跨组织或跨部门的“中间性组织”，突出流程优化和结构重组。朔黄铁路公司在组织层面开展的五大专业委员会设置和创新联维模式都具有功能融合的特点。

一、组建五大专业委员会

在现代企业组织中，部门间的协同与合作对于提升整体效能、优化资源配置和实现战略目标至关重要。委员会制通过创建跨部门的决策和协调机构，可以打破“部门墙”，消除具体事项在协同上的障碍，实现跨部门协同，尤其是专业职能部门与经营业务部门之间的协同。朔黄铁路公司在公司层面规划成立了五大专业委员会，即生产运营委员会、综合计划委员会、科学技术委员会、精益管理委员会和安全生产暨生态环境保护委员会。组建五大专业委员会，是以业务事项的完成为导向，打破传统的部门条线化管理壁垒，实行以事项为牵引的综合化、平台化管理。

1. 生产运营委员会

生产运营委员会是公司生产运营工作的统筹领导机构，负责对公司的生产运营工作进行统一规划、决策、监督、协调和指导，确保公司生产运营稳定有序、高效协同。生产运营委员会的主要职责是：制定生产运营管理的方针、政策和计划，并监督这些计划的实施。该委员会还负责指导和监督整个生产运营过程，确保生产效率和设备质量。此外，生产运营委员会负责协调各个生产单位之间的工作，以保证生产运输流程的顺畅进行。在实际运作中，生产运营委员会通常会与其他相关部门密切合作，以确保公司生产运输活动的顺利进行。

2. 综合计划委员会

综合计划委员会是公司经营管控计划工作的统筹领导机构，负责对公司的投资、财务等经营管控计划进行统一决策、监督、协调和指导，确保公司经营管控计划的整体统筹和落实落地。综合计划委员会的主要职责是：审议公司的经营管控计划；监督和评估经营管控计划的执行情况；协调各部门、各单位之间的合作，确保经营管控计划的有效实施；根据市场变化和公司发展需要，调整和完善公司经营管控计划。

3. 科学技术委员会

科学技术委员会是公司科技创新工作的统筹领导机构，负责对公司的科技创新工作进行统一规划、决策、监督、协调和指导，旨在加强科技创新的统一管理，形成上下联动一条线，一体统筹公司各职能部室、直属中心和各子分公司沟通协作，提高科技创新工作效率。

4. 精益管理委员会

精益管理委员会是公司精益管理工作的统筹领导机构，负责对公司精益管理系统的建设与运行工作进行统一规划、决策、监督、协调和指导，旨在推动和实施精益管理原则在企业中的应用，系统性地规范“端到端”精益化业务流程、提升经营效率、改善管理质量和降低运营成本。精益管理委员会的主要职责是：负责制订公司精益管理工作规划和精益管理组织及协作机制建设工作，并负责对公司精益管理项目进行审核、验收和评估。

5. 安全生产暨生态环境保护委员会

安全生产暨生态环境保护委员会（以下简称安环委）是公司安全生产和

生态环保工作的统筹领导机构，负责对公司整体的安全生产和生态环保工作进行统一规划、决策、监督、协调和指导，旨在协调解决安全生产和生态环保工作中的重大问题，坚决守好安全生产和生态环境保护的红线、底线，确保安全生产和生态环保工作的高效运行和持续稳定。

为推进五大委员会的高效运行，每个委员会均设立三个工作机制：一是会议机制。委员会定期或不定期召开全体会议，研究相关重点工作推进情况，安排部署下一阶段工作，遇有特殊情况及时研究解决。二是考核评价机制。委员会建立健全相关业务重点工作和关键任务的考核评价机制，负责定期和不定期对各部门、各子分公司的相关业务重点工作和关键任务进行考核评价，切实提升考核评价的针对性和实效性。三是督办机制。委员会以问题为导向，对各部门、各子分公司、各业务重点领域适时开展专项督查，加大对存在问题的查处力度、追责力度和整改力度。

二、创新联维模式

1. 联合运维模式（以下简称联维模式）创新的必要性

朔黄铁路西段原平分公司龙宫中心站、滴流磴中心站为典型的山区重载铁路，其特点为线路坡度大、曲线半径小、钢轨磨损快、检修任务重。在这些困难区段开展施工作业，存在以下难点：一是施工项目多，由于困难区段设备状态变化快、病害多，修理任务比一般区段重，相互干扰导致计划铺排比较困难；二是管理难度大，困难区段位于山区，曲线多、桥隧相连、高填深堑，存在上道、瞭望和作业困难，施工风险高，管控难度大；三是施工效率低，因作业项目重叠率高，计划铺排困难，兑现率不高，加上作业走行距离长，纯作业时间短，工效偏低。随着 3 万吨级重载列车的持续开行与 2 万吨列车的常态化运行将加剧线路道床、钢轨等固定设备的损伤与劣化速度，导致换轨周期缩短，进而出现无法按照单元轨节顺序换轨施工、人员机具上下道困难，以及长大隧道施工走行距离过长等问题。

基于原平分公司管内山区铁路困难区段设备维修工作量大、施工组织难度大等特点，朔黄铁路公司通过调查研究和反复论证，探索尝试与生产力相适应的生产组织模式，前瞻性地提出了联维模式。联维模式改变了现有的施工维修养护模式，由联维项目承包单位作为施工主体，中心站联合各施工维修单位统一提报计划并组织实施作业。新模式打破了传统的生产组织方式，由分标段、分专业、分承包商的零散修、分割修整合为分区段的综合性维修，每个区段由一家具备全工种维修能力的施工单位进行总承包，从而为线路的安全与运营效率提升提供了有力保障。

2. 联维模式的管理思路

联维模式在行业内没有什么成熟的经验可供借鉴，改革既有生产组织模式需要“摸着石头过河”。朔黄铁路公司基于国家能源集团运输组织基础，按照“一遵循（遵循法律法规制度）、三打破（打破身份、打破专业、打破项目）、两步走（过渡期、实施期）”的管理思路，坚持“两准入、四统一、五融合”的管理机制，推行施工与维修“整区段一体化规划、机械修一体化运作、承包商一体化管理、智能化一体化推进”的运维新模式，直接解决相互作业交叉面和协同管理方面存在的问题，聚焦提升新质生产力要素指标，实现“保安、降本、减人、提效”的整体目标。

联维模式落实“中心站组织生产，分公司包保协调，公司统筹指挥”的基本原则。朔黄铁路公司设立联维管理领导组及联维管理办公室，负责联维项目设计、实施、验收、考核等全过程管理，对联维合规、廉洁、安全、质量、进度实施监督。分公司设立联维管理领导组及联维包保组，负责联维合规、廉洁、安全、质量、进度全面管理，落实本部有关联维工作要求。中心站成立联维执行工作组，负责联维现场施工的具体开展工作。联合运维管理架构如图 4-1 所示。

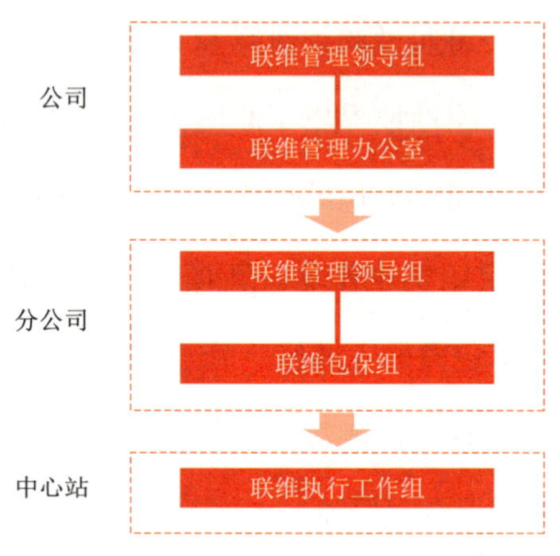

图 4-1　联合运维管理架构

在联维模式下，大中修工程施工维修养护模式被改变，由分标段、分专业、分承包商的零散修、分割修整合为分区段综合性维修。即每个区段由一家联合运输单位进行总承包，整体负责该区段内所有设备的大中修工作，统一组织、协调、画图、铺排计划。通过规模化市场化的行为实施资源整合、优胜劣汰，大幅削减零散工程和零小承包商。在此基础上，朔黄铁路公司真正实行无差别一体化的管理，充分依靠有规模、有实力、有资质、有信誉，且与朔黄铁路公司深度合作、能够有效管控的承包商，以保证工程的质量、维护的效率、成本的下降和合作的双赢。

3. 联维模式的主要做法

注重统筹谋划，持续优化治理管控。联维单位按照“两准入、四统一、五融合”的管理机制，纳入公司、分公司承包商“无差别、一体化、融入式”

管理，建立以区间总负责人为核心的过程管控体系。其一，成立三个工作组，分别是中心站联维执行工作组、两个联维包保组、联维管理领导组，各层级由主要负责人挂帅，强化组织保障。其二，把健全工作机制、加强制度建设作为联维模式改革的组成部分，一体谋划、同步实施，出台了一系列联维管理相关规定。

注重创新驱动，扎实推进智慧建设。联维模式围绕山区重载铁路数字化、网格化、少人化，推进“联维”智慧建设。以智能装备、智能运维、智能安全、智能管理为核心，首先研发运维数据集成平台。在各专业系统独立运行、数据独立存储的前提下，通过多系统融合，进行归一化管理，完成系统数据的可视化呈现。其次，针对山区铁路沿线护网门大多离行政路网较远、传统导航无法覆盖上道地点等维修作业、故障处理、应急指挥中存在的问题，搭载智能护网门，研发山区铁路导航系统，精准定位管内沿线护网门、各专业设备、桥隧位置等信息，为铁路运营的安全性和可靠性提供了有力保障。最后，推进透视区段建设。根据联维生产需要，研发自主式交通系统载运装备数字化与孪生系统、智能巡检手持终端、无人机巡检、智能巡检 App，结合一窗一图，对接联维单位管理系统，实现对管内施工计划和重点施工作业的全员、全过程、全方位管控，使维修作业更精准，应急指挥更迅捷，施工管理更透明。

注重明示管理，不断增强联维效能。计划管理方面，联维模式动态评估管内设备，科学调整联维计划。实行年轮廓计划、月平衡计划、周调整计划管理模式。按照下达的全年大中修生产任务进行梳理，形成具体工作清单，利用甘特图进行明示，挂图作战。过程管理方面，联维模式建立施工管理全流程管控系统，确保工作安全顺利。第一，绘制一张联维图纸，挂图指挥天窗施工。实行“两图一表两票两方案”制，包括天窗施工示意图、天窗防护示意图、天窗施工作业卡控表、施工工作票、工作总票、行车组织方案及天窗施工组织方案管理体系。第二，动态辨识安全风险，重点防范人身伤害。开展防护体系验证工作和模拟演练，严控高风险作业审批和盯控。由原来驻站对现场“一对一”的独立防护转变为“1+N”的统一安全防护体系，信息沟通严格落实防护标准化用语。第三，抓实天窗效率质量，发挥考核约束作用。各项作业结束后，组织召开施工总结会，根据单项作业、单个天窗完成工作量的最低标准和摸高标准，分别总结天窗利用情况、安全进度问题，发挥考核约束作用。

注重融合联动，聚力打造品牌矩阵。联维模式实行施工维修融合管理，整合资源有序推进。联维区段内充分利用各施工单位资源，组织联合作业。联维单位作业标准、设备标准、管理标准与中心站保持一致。发挥中心站站长在施工组织中的协调指挥作用。根据立体施工、平行作业、相互配合、安全高效的要求，制定了联维施工“五会”管理办法，并纳入了施工管理全过程，即施工例会（周平衡会）、施工预备会、施工预想会、施工布置会和施工总结会。通过联维施工“五会”，层层互控、环环互保，把各联维单位集结起来，拧成一股绳，聚合发展。

4. 联维模式的实践成效

联维模式是解决山区铁路困难区段多年施工维修难题的创新举措，是相互促进、深度融合的一体化联合攻关，支撑了朔黄铁路公司生产力的改革重塑。它不仅提供了一套可借鉴、可复制的经验和示范，而且其蕴含的创新精神和改革理念，更将继续发挥独特的引领作用。

施工工效显著提升。联维模式是对生产关系的改革重塑。中心站统一担当施工主体后，实现了区段指挥集控化和防护体系集控化，员工的责任意识和服务意识进一步提高，专业融合更加深入。在此基础上，形成了施工维修一体化融合、换轨焊换收一体化推进、隧道水沟机械清理“一条龙”、隧道病害整修专列、机械化清筛换岔等6种施工组织一体化工作新模式，施工效率提升了30%，解决了以往施工计划难以平衡的问题；通过实行不停电上道申请审批，最大限度提高了纯作业时间和工效。联维模式实施以来，施工及维修作业项目天窗容积率增加了40%左右，机械车组容积率提升了33.3%，驻站联络员减少42.9%，防护人员减少33.3%，线上交叉作业实现从0到N的突破。

施工风险有效管控。联维模式实现对危险源的集中管控，围绕人的行为、物的状态、环境的控制重新开展危险源辨识，聚焦人、车、电等因素，利用动、静、变融合管理的思路，共辨识出16条风险，并制定了预控措施；设置随车防护模式切换，严控施工车组的安全风险；区间“联维”施工实行统一管理，改变传统施工管理模式，改革区间内多项施工的交叉点、结合部，有效管控各类风险，在人员缩减约40%的前提下，有效管控了施工风险。

设备质量、人才质量有效提升。通过联维模式实施，施工计划的精准铺排得到有效保障，设备周期修及状态修计划兑现率得到明显提升：龙宫困难区段2024全年平均轨道质量指数（TQI）值较2023年同期降低0.66，通过联维模式的创新推进和严要求、高水平的管理标准，在困难区段涌现出一批专业性与综合性兼具的复合型人才，锻造了一支应对复杂局面和风险挑战的山区重载铁路攻坚队伍。

管理范式推广示范。联维模式作为统筹运输与施工的新举措，为困难区段、技术站生产管理提供了新范式。一是实行施工维修融合管理。二是构建

“1+N”指挥体系。三是创新施工“五会”管理。四是运用科技手段动态评估、管理设备。五是绘制联维图纸，挂图指挥天窗施工。六是发挥一体化、集约化管控优势。联维模式极大调动了广大员工的积极性，在管理融合、业务融合、资源整合上丰富和创新了“朔黄模式”，提升了生产组织效率和业务管理水平。

第三节　组织的权责聚合

权责聚合指通过权责对等原则，将权力分配与责任承担紧密结合，确保组织运行的规范性与效率。其核心是避免“有权无责”或“有责无权”的失衡状态，通过分权与集权的动态调整实现组织灵活性与可控性的统一。朔黄铁路公司的成本利润中心改革旨在通过市场化机制赋予分公司经营责任，改变了目前各基层单位只管列支成本，不考虑投入产出、成本控制的粗放式管理模式。

一、成本利润中心改革的必要性

初创时期，朔黄铁路公司为了满足“统筹规划、分段建设、及时投产、尽早发挥效益”的需求，公司彻底摒弃“铁路局—分局—站（段）”传统模式，实行“公司—分公司”两级管理、“公司—分公司—工队”三级核算的管理架构。具体划分为：公司是利润中心，履行监督、检查、指导、服务的职能；分公司为成本中心，负责安全生产、设备维护保养和确保任务指标的完成；工队为专业技术生产或维修单位，负责某一个专业、某一个区段的设备维修养护。

随着朔黄铁路公司业务规模的不断扩大，大轴重和2万吨、3万吨级重载列车的引入，车辆对线路的冲击加大，管理难度逐步提升，管办不分、多头保障、成本控制率低下等问题显现。与此同时，为确保运输安全，朔黄铁路公司必须对路基、桥梁、隧道、信号等设备进行持续性的高投入。但公司内部成本控制的压力未能有效分解传递。过去各子分公司、基层单位在成本预算管理方面没有精打细算的经营意识，造成成本不断上升，很难实现精准管控。

二、分公司成本利润中心的内涵特征

利润中心和成本中心是两种不同类型的组织结构，其主要区别在于它们对成本和利润的处理方式。利润中心是负责产生利润的部门，它不仅要控制成本，还要努力提高收入。利润中心通常拥有自主权，可根据市场需求和资源状况自主决定产品定价、生产和销售策略，其业绩评价主要依据利润指标，如利润率、利润总额等。成本中心则是负责控制和核算成本的部门，主要任务是合理分配资源、降低成本，但不直接负责产生利润。而成本利润中心是指那些同时负责成本、收入和利润的责任中心，核心理念是降低成本、节约费用、增加利润。这类中心具有独立或相对独立的生产经营决策权，能够编制独立的模拟利润表，通过优化成本结构并以盈亏金额来评价其经营绩效。

作为一家铁路运输企业，只有高效的运输组织、适度的投资规模、合理的生产运维计划、精简的管理支出等节点都环环相扣，最终的利润指标才能优秀，才能更好地支撑公司战略目标实现。朔黄铁路公司通过实行成本利润中心改革，将分公司成本中心升级为成本利润中心，原平、肃宁、机辆、服务公司、培训中心等单位都比照子公司模式，每年由公司财务部下达成本指标、收入指标、利润指标并进行考核评价。以“比经营业绩、比经济贡献、比安全稳定”为基本标尺和导向，通过成本、收入、利润三项指标的联动，促使各基层单位转变发展观念，树立精益管理思想，精打细算，统筹考虑投入产出，从根本上扭转了各基层单位“人员多多益善、花钱多多益善”的简单粗放思想，实现在成本控制上的精干高效管理。

三、成本利润中心改革的主要做法

朔黄铁路公司内部模拟建立利润中心，模拟市场运作，明确各内部组织的责权利，进一步实现责任到位、资源到位，同时调动分公司工作积极性，推动成本中心向成本利润中心转型升级。分公司升级成本利润中心的主要做法如下。

提前筹划，完善利润核算基础架构。朔黄铁路公司财务管理部门根据财务架构上的特点对分公司进行细致分析和规划，确定每个分公司成为独立核算主体的目标，确保分公司能够独立进行收入、成本和利润的核算，为成本利润中心改革打下坚实基础。同时，按照实行“内部清算制、内部市场化制”的要求，提升了财务数据的精细化管理能力，为公司进一步全面深化改革提供有力的支持。

业财联动，梳理各单位经营管理情况。财务管理部门在调研各单位实际业务经营情况的基础上制定了合理的内部清算价格，并根据公司的运营机制，对肃宁分公司、原平分公司及机辆分公司的运输收入进行了内部划分和结算。此外，逐项梳理代维、出租等其他业务的收入明细，有效防止收入流失，确保朔黄铁路公司内部经营管理状况的清晰展现，为后续的改革提供可靠的数据支持。

优化流程，建立分级分类管控体系。朔黄铁路公司将业务类型按照风险程度和标准化程度进行分级，对于风险较低、标准化程度较高、业务量较大的费用报销类业务设置短流程，采用智能化审核方式提升审核效率。强化集中管控，对单据类型、使用场景、审批流程、摘要填写、附件要求、审核要点等进行统一，提升全流程效率。

明确机制，制定成本利润中心方案。朔黄铁路公司于 2024 年 5 月印发《成本利润中心改革方案（试行）》，方案明确公司本部、培训中心、原平分公司等 11 个核算主体按照利润中心进行管控，机关部室、直属中心和中心站则按成本中心进行管控，从中选取分公司部分中心站作为试点单位进行成本追踪管理。

智慧业财，赋能公司经营管理提升。为解决传统业务管理和财务管理信息不畅的问题，朔黄铁路公司财务管理部门积极探索信息化管理手段，形成业财一体的精益化管理系统方案。方案基于业财融合的精益成本管理理念，打通国家能源集团统建系统与朔黄铁路公司自建系统的数据链路，逐步形成经营数据底座，智能、精准、多维度分析各项经营数据，提供更全面的财务数据和业务洞察，有效解决传统业务管理和财务管理独立导致的“信息孤岛”问题，提高工作效率。

四、成本利润中心改革的实践成效

“事前算盈”，全面梳理成本投入事项，做到底数清、进度清、目标清，事前算好收支账。按照全面预算管理思想，详细梳理生产成本全部事项，并根据与生产的相关程度进行分类归集。固定成本主要包括作业装备（设备）维保、资产折旧、人工成本、联合运输 / 业务外包、其他成本。变动成本包括材料、能源、安全投入、零小维修、生产车辆使用以及其他成本。在此基础上建立基于成本利润中心管控的标准核算模型，精确测定主营业务盈亏平衡点。

“事中控盈”，推行作业成本法，锚定基本生产作业单元，深化定额管理，确保收支稳定平衡、略有盈余。在轨道维护工队率先推行作业成本法，将生产流按基本作业单元一一对应到成本流，全面分析作业单元消耗情况，优化完善单位生产消耗综合定额、成本要素定额，精准核算生产消耗。轨道维护工队基于标准核算模型，运用量本利分析，按日、月、季、年时刻算好投入、产出、利润账。

“事后真盈”，时刻关注试点单位投入产出运行的“动、静、变”情况，实现利润、控支、提效和机制真盈。在轨道维护工队试点显示，通过主动“增量”，主营业务工作量大幅增长，利润同比增长 19.91%，分公司利润较计划增长 14.15%。通过修旧利废、“五小”改革、工艺优化、辅助作业时间压缩、深化作业装备状态修和设备隐患清单化等一系列措施压降成本超过百万。在不断优化人、财、物、技术和管理的有效组合下，钢轨铣磨业务综合材料单耗降低 7.43%，天窗作业效率提升 18.70%；钢轨打磨业务综合材料单耗降低 9.41%，天窗作业效率提升 18.07%。初步构建以“精准财务、全面预算管理、业财融合、作业成本法”为根本的成本利润管理机制，为进一步深化成本利润中心改革提供了经验借鉴。

第四节 “模式创新”下的融合之道

随着科技进步，先进技术手段和装备不断更新，生产力得到极大提升，在很多领域已经形成了新质生产力，必须要进行相应的体制机制性改革，以匹配与之相适应的生产关系和组织模式。新时代新征程，朔黄铁路公司所处的历史方位、所面临的内外部形势都发生了深刻变化，“朔黄模式”也要与时俱进、守正创新。

新时代“朔黄模式”新理念的核心就是“融合之道”。除了上述组织模式的专业整合、功能融合、权责聚合之外，还体现在新时期朔黄铁路公司在创新链、产业链、人才链、机制链、数据链等领域之间的融合实践。

一、增强创新链融合，激发科技创新新动能

创新是企业发展的核心驱动力，创新链聚焦于科技研发和创新活动，是产业链升级和转型的关键。以创新为核心驱动力，通过创新科技组织，实施“数智朔黄”建设，与智慧重载 4.0 建设一道，加大对重载铁路智能运维关键技术研究与应用、长大坡道运输等重载铁路关键技术的攻关力度，持续引领世界重载铁路发展，着力加强创新链引领，不断适应时代发展的需求。

二、强化产业链融合，拓展产业发展新动能

产业是具有某种同类属性的企业经济活动的集合。产业链是由上、中、下游关系组成的网络。简单理解就是产供销，即产品从原料到成品最终流通到消费者手中的整个产业链条。朔黄铁路公司坚持两个战略转型，做强做优做大智慧重载运输主责主业，在产业链上下游间协同发力，实现了从资源供应、运输组织到物流服务的全链条高品质优化升级；实现由单一煤运功能向综合多元业态转型，构建智慧化大物流生态圈，将成熟可靠的重载运输技术推向市场，融合布局“铁路 + 新能源”业态，不断在强化“产业链协同”的基础上进一步升级为“生态协同”。

三、做好人才链融合，提升人才发展新动能

人才是企业发展的核心资源，人才链是贯穿人才选拔、培养、评价、使用、保障等各环节的链式结构，是由教育培训、科研创新、技术服务等各类人才活动构成的集合。朔黄铁路公司通过打造万吨列车乘务员培养的“朔黄标准”、建立基层以履职能力为核心的班组人才管理体系、畅通干部人才流动机制等，着力做好人才链的建设和培养，实现教育、科技、人才有机融合和贯通发展，努力打造“人才培养基地”和“职工幸福家园”，提高员工技术能力水平和生活幸福感，增强员工的归属感和凝聚力。

四、完善机制链融合，夯实精益运营和企业治理新动能

机制链是企业将一系列机制串联起来，以实现特定功能或目标的链条式结构。朔黄铁路公司通过引入精益管理理念和方法，构建“两横一纵、多业务协同”数智朔黄精益管理体系，聚焦生产运营管理各关键环节，推动实现管理的标准化、规范化和精细化。通过优化组织结构，创新联合运维模式、成立共享服务中心、实行中心站一体化改革等，不断优化管理流程，打破部门壁垒，促进跨条线、跨专业协作，加速打通机制堵点断点，着力完善机制链保障，提升长期价值创造能力。

五、增强数据链融合，激活数智赋能新动能

数据是新的生产要素，数据链是通过信息技术手段对特定数据集进行收集、整理、分析和可视化的一系列过程，旨在为企业提供决策支持。朔黄铁路公司通过构建数据驱动的“两横一纵、多业务协同”数智朔黄精益管理体系，利用大数据、人工智能等技术手段，强化数据融通共享，构建贯穿管理、

运营、检维修等各个领域标准统一、技术统一、逻辑统一的大数据体系，壮大数据要素驱动力，激发数据要素赋能活力，着力增强数据链驱动，对企业的运营情况进行实时监控和预测，构建多元融合的数智管理生态，实现数据资源的价值闭环管理。

第五章
党建铸魂　匠心筑梦：激发“党建引领”新动能

坚持党的领导、加强党的建设，是我国国有企业的光荣传统，是国有企业的“根”和“魂”。朔黄铁路公司把“党建引领”作为新动能，以“朔黄红”文化铸魂，紧抓“强基固本”，融汇“精益思想”，构建“12713”党建工作体系。在企业战略转型与重载技术创新交织的复杂态势中，将党建工作紧密融入、服务于企业生产经营中心工作。以“创建高质量党建下的世界一流专业领军示范企业”为目标，发挥党的领导对企业发展方向的引领作用；在推进基层工作方面，构建党建与业务的“双螺旋”融合式发展格局，依托精益工具和数智平台，将党建思想引领融入安全管控、科技创新、中心站改革等重载核心场景；在成效检验中以三个衡量（政治衡量、业绩衡量、群众衡量）为重要标尺，将党建工作转化为可量化、可对比的效能产出。

通过党建引领贯通中心工作和融合企业文化，制定“责任清单”构建起一套覆盖全层级、贯穿全流程的责任落实机制，以动态平衡思维校准发展轨迹、用初心使命锚定方向、用组织优势破局难题、用文化认同凝聚动能，在重载运输动脉上，诠释以党建引领和“朔黄红”文化滋养现代治理生态的实践答案。

第一节 党建引领贯通中心工作

“火车跑得快，全靠车头带。”在朔黄铁路公司的发展历程中，始终发挥党建工作的核心引领作用。朔黄铁路公司积极构建“12713”党建工作体系、优化组织功能布局和政治功能，加强党支部书记等基层队伍建设，不断提升党建新动能，为实现高质量发展提供了坚实的政治保障和组织保障。

一、以“一个目标”构建“12713”党建工作体系

（一）构建“12713”党建工作体系

1. 体系构成

“12713”党建工作体系以坚持“一个目标”引领、增强“两大功能”、找准党建工作“七个着力点”、充分运用“一个精益管理系统”提升党建质效、坚持“三个衡量”标准为主要内容。“一个目标”即高质量党建引领保障世界一流专业领军示范企业建设；“两大功能”为增强基层党组织政治功能和组织功能；“七个着力点”包括提升党建基层基础基本功、发挥科技创新等三个作用、干部人才队伍建设、世界一流企业建设、“幸福朔黄”工程落地、党建品牌和精神谱系塑造、推进全面从严治党；“一个精益管理系统”即运用精益管理理念，以系统观念提升党建质效；“三个衡量”即通过政治衡量、业绩衡量、群众衡量全面检验党建成效。

这一体系有三个特点：一是思想创新。充分立足朔黄实际，创新性提出

了党建工作引领推进企业目标实现的方法、途径，明确衡量党建工作质效标准。二是体系全面。从战略层面、组织建设、工作重点、管理方法和评价标准等多方面，为党建与业务融合提供了全面的框架和方向指引，确保党建工作紧密围绕企业发展目标，与业务工作相互促进。三是方法创新。将党建工作与行政工作深度融合，运用精益化管理理念和工具，借助互联网、大数据等技术手段，提升党建工作的效率和效能。

2. 探索“三化”工具方法

探索“规范化、清单化、可量化”的工具方法，将精益理念始终贯穿其中。

工作规范化——国有企业内部有两套组织体系，一套是党的组织，一套是生产组织，只有两套体系协调匹配，才能实现顺畅运行。为此，公司建立了一套党支部工作标准规范工作手册，通过程序图解、规范提示等形式加强工作标准规范，形成“六个抓”：抓组织严体系、抓书记强班子、抓党员锻队伍、抓培训提能力、抓制度利长远、抓活动增活力。

考核可量化——建立一套标准统一的党支部考核评价体系，将党支部标准化工作规范各项要求纳入考核评价管理，逐项设置考核指标、评价要点、评分标准及得分规则，注重以经营业绩检验党建工作成效，力图实现评价考核“一把尺”。可量化则通过明确考核指标和权重，如在考核评价中，将企业经营业绩情况按10%权重计入党建考核评价成绩，以经营业绩检验党建工作成效，使党建工作成效可衡量。

任务清单化——建立一套涵盖党委、支部考核评价的工作清单，抓党建任务落实。一是以两套清单贯穿全年党建工作，抓好责任落实。按照清单总集和子集的概念，年初印发党建责任制清单。一套为党建责任制清单，主要依据集团党建类制度、公司党建类制度明确要求的事项，系统制定了覆盖党委、党委书记、党委委员、党支部、党支部书记、党支部委员的六级责任清单；一套为年度党的建设工作要点清单，主要集合了集团党建工作要点、公司“五会”领导讲话及报告、一周年成果展示行动等涉及党建领域的工作内容。二是运用精益管理理念和方法，实现党建工作全要素、全过程、全链条管理，确保上下贯通、执行有力。全面推行党支部工作任务清单、党支部书记抓党建工作责任清单、党支部委员抓党建工作责任清单的“清单管理、台账销号”机制。在完成规定动作的同时，党支部要注重结合上级党组织最新要求，动态完善工作清单中的自选动作，明确工作要求。三是建立与任务落实相匹配的党建工作机制，发挥公司党的建设领导小组作用，每季度召开小组会议，研究党建工作责任制、“三个三”落实及日常党建重点工作落实情况；定期开展党建责任制督导检查，每半年开展一次督导检查，检查结果纳入党的建设和经营业绩考核；年底开展一次党建责任制考核和党组织书记述评考，通过精益管理系统调取任务完成佐证材料和现场重点检查相结合的方式开展考核评价。

（二）优化党建融入中心工作路径

朔黄铁路公司形成了融入生产中心工作的党建联合共建、聚焦重难点任务突破的创岗建区、服务广大职工群众的党员联系群众工作机制。

1. 突出党建引领基层治理

朔黄铁路公司党委积极践行“四下基层”优良传统，推广落实“三个三”工作法，即两级机关党支部每季度下基层不少于三次，发现问题不少于三条，取得管理成效不少于三项。通过这种方式，机关党支部深入基层，聚焦党建作用发挥，注重分类指导，精准施策，针对党员类型特点，明确支部作用发挥的实践落点和有效抓手。突出服务职能，围绕服务生产、服务一线、服务职工群众解决问题开展工作，基层党支部突出作用发挥落在现场，引导党员立足本职、创先争优。在2024年一季度，公司机关14个党支部累计下基层96次，发现问题151条，完成整改116条，取得管理成效65项，有效解决了基层工作中的实际问题，实现了“党员干部走下去，民情民意收上来”，推动党建与基层治理深度融合。

2. 突出党建引领业务发展

党建是生产经营的政治引领和保障，生产经营是党建成效的具体呈现，两者相辅相成、相得益彰。朔黄铁路公司始终围绕运输主业、综合大物流等业务开展，发挥党的政治和组织优势让生产经营工作“有根”，运用生产经营管理思维让党建“有效”，实现管理效能和管理品质的双提升。聚焦保障运输主业方面，各党支部围绕能源保供等重点任务，通过开展党员先锋队、示范岗创建等活动，激励党员立足岗位担当作为。例如，神池南站党总支建立党总支与党员、党员与职工群众“一带一”“一帮一”“一促一”“一名党员坚固一道安全屏障”的工作机制，在2023年大暴雪中实现人员、设备、行车安全“三零”目标，全年煤炭中转量突破3.5亿吨，有力保障了运输主业的稳定运行，体现了党建工作在运输业务关键环节的引领和推动作用。综合大物流拓展方面，物流公司营销队伍中的党员积极发挥先锋模范作用，在非煤运输市场营销中开拓进取，使非煤运量突破1.4亿吨。同时，围绕综合物流架构，打通多条联运通道，为综合大物流业务发展做出重要贡献，充分展现党建引领业务拓展的积极成效。

3. 突出党建引领创新攻关

深化“奋进‘十四五’”党员先锋队、示范岗创建，开展党支部攻坚竞赛行动，围绕科技创新、生产经营中的重难点问题开展集中攻关。例如，姚星工匠能手创新创效工作室以解决列车运行问题为方向，优化操纵办法，攻克设备难题，编撰发行相关书籍，推动3万吨级重载列车常态化开行，是我国目前编组最长和载重最大的铁路编组列车。肃宁分公司黄骅港站党总支建立项目攻坚机制，围绕智能调车系统装备研制等项目开展支部攻坚，党员技术骨干带头攻关，确保项目成功试运行，为企业创新发展提供了有力的技术和业务支撑，彰显党建在创新领域对业务发展的引领作用。

二、以“强基固本”优化党组织功能布局

（一）加强组织建设，夯实战斗堡垒

1. 持续扩大组织覆盖

结合朔黄铁路点多、线长、面广的特点，绘制党员红色力量分布图，系统梳理党组织和党员的分布情况。按照“应建尽建”原则，优化党支部设置，合理调整联合党支部数量，提升党员占比，基层一线实现党的组织和工作全覆盖。正式党员3名以上的单位和部门均单独成立党支部，确保每个生产单元都有党的组织，每项重点工作都有党员参与，为党建与业务融合提供了坚实的组织基础。朔黄铁路公司深入实施党组织政治功能和组织功能“双提升”行动，并在此基础上，在基层中心站、班组等推动党小组和班组“两组融合”，优化党小组设置，确保党的组织建设与管理幅度相一致，促使党的工作延伸到基层一线，服务中心工作。

2. 创新性开展跨企业联合党建

积极开展党建联合共建活动，突出党建生态圈建设。与联合运输单位、外委单位等开展党组织共建，打破以往资源分散、各自为政、力量单薄、创新不足的局面，推进党建工作贯穿业务工作全过程。这种“党建联合共建”

的实践探索，践行“一家人、一条心、一条路，共创共赢共进，追求卓越同行”的合作理念，体现了朔黄铁路公司“党建共建融合、制度机制融合、文化认同融合、管理同向融合、追求目标融合”的五个融合及打造共建平台和阵地的追求。肃宁北站党支部与联运单位建立党建联建工作清单（见表 5-1），签订《党建联合共建结对书》，联合开展集中学习、红色教育、业务研讨和志愿活动等，强化“一盘棋”意识，发挥工作合力。

表 5-1　肃宁北站党支部与联运单位建立党建联建工作清单

序　号	日　期	内　容	组织形式
1	2024.01	开展“党带工团凝聚合力　全力净化运输环境”主题活动	主题党日活动
2	2024.02	开展春节节前安全大检查	主题党日活动
3	2024.03	携手植树增绿　共建绿色家园	主题党日活动
4	2024.04	开展清明节前安全大检查	主题党日活动
5	2024.05	防洪期开展防洪演练	主题党日活动
6	2024.06	开展“党建融入中心”活动	主题党日活动
7	2024.07	“七一”主题党日活动	主题党日活动
8	2024.08	开展理论学习	党课
9	2024.09	设备联合检查	主题党日活动
10	2024.10	设备大检查大整修	主题党日活动
11	2024.11	开展防寒演练	主题党日活动
12	2024.12	元旦节前警示教育、联合安全检查	主题党日活动

（二）增强两个功能，提升党建水平

强化政治判断力领悟力执行力方面，把学习贯彻习近平新时代中国特色社会主义思想作为首要政治任务，制订全面贯彻落实的实施方案，明确工作任务和具体措施清单，切实把思想和行动统一到重要讲话精神上来。建立常态化贯彻落实机制，将贯彻落实习近平总书记重要讲话精神与创建世界一流专业领军示范企业、加速战略转型、更好服务国家战略相贯通，通过“第一议题”学习、“第一要务”督办、“第一指标”考核，形成传达学习、贯彻落实、跟踪督办、报告反馈的工作闭环。党委理论中心组学习不断深化，建立政治学习纳入党的建设与生产经营交班会长效机制，推动党中央重大决策部署在基层有效落地。在学习贯彻习近平总书记视察黄骅港重要讲话精神中，公司组织开展系列活动，重温讲话精神，对相关讲话进行再学习、再领会，确保党员干部自觉在思想上政治上行动上同以习近平同志为核心的党中央保持高度一致，提升政治执行力。

做好三级组织目标协同方面，朔黄铁路公司党委、子分公司党委、党支部明确各自职责定位，保持目标一致。公司党委制定战略目标，子分公司党组织围绕公司战略明确自身工作目标，如山区重载数原平、数智重载看肃宁等，各基层党支部紧扣中心站功能定位确定党建目标，确保党建工作融入企业治理各环节、生产经营全过程，实现三级组织目标协同，共同推动企业发展。

三、以“两个突出”加强党支部书记队伍建设

党支部是党的基层组织，是党在社会基层组织中的战斗堡垒，是党的全部工作和战斗力的基础。企业管理工作好不好要看基层党支部工作抓得好不好，关键看党支部书记作用发挥得怎么样。

（一）突出干事创业导向，构建责任落实闭环机制

1. 树立正确选人用人导向

坚持选拔任用政治素质高、工作能力强、担当作为的党员担任党支部书

记。注重从基层一线选拔，让有实际工作经验、能解决实际问题的党员干部走上党支部书记岗位，激励广大党员干部积极干事创业、担当作为，为党支部工作的有效开展提供有力的领导保障。

2. 构建责任落实闭环机制

明确党支部书记的党建工作责任，实行清单制管理，建立党支部书记工作清单，涵盖 17 项具体内容，明确工作任务和要求。通过定期开展党建责任制督导检查、年底进行党建责任制考核和党组织书记述评考等方式，对党支部书记的工作进行监督评价，将考核结果与薪酬、奖惩挂钩，形成责任落实闭环机制，确保党支部书记切实履行职责。

（二）突出选优培强，构建育选管用全链条机制

结合党支部调整实际，开展一轮全覆盖的新任职党支部书记、新任职党务工作者、新发展党员政治能力、履职能力、业务能力培训。加强和改进党员日常管理，确保应转尽转做好组织关系转接。落实党内激励关怀帮扶制度，关心关爱基层党员、干部，特别是条件艰苦地区的党员、干部，经常性开展谈心谈话。

1. 推行“一肩挑”机制

逐步推行党支部书记、行政负责人“一肩挑”机制，配备专职党支部副书记，使党支部书记能够更好地统筹党建和业务工作，提高工作效率，增强党组织在企业治理中的领导作用。

2. 培育一批“三懂三会三过硬”的党支部书记

完善党支部书记培养锻炼和选拔任用机制，大力开展党支部书记能力提升行动，通过培训、实践锻炼等方式，培育“懂党务、懂业务、懂管理，会

解读政策、会疏导思想、会解决问题，政治过硬、作风过硬、廉洁过硬”的党支部书记。例如，组织 57 名新任支部书记开展为期一周的履职能力培训，提升其综合素养，为党建与业务融合工作的高质量开展奠定坚实基础，确保党支部书记在业务工作中发挥有效引领作用。

3. 加强干部交流，注重复合型历练

加大党政干部交流力度，把党支部书记工作经历作为培养和选拔企业领导人员的重要条件，让党支部书记在不同岗位锻炼，积累丰富经验。同时，注重选拔优秀党员作为党支部书记后备人才培养，建立后备队伍。通过干部交流和后备人才培养，促进干部队伍整体素质提升，为党建与业务融合工作提供持续的人才支持和保障。

第二节 培育“朔黄红”文化

文以载道，文以化人。坚定中国特色社会主义道路自信、理论自信、制度自信、文化自信，说到底是要坚持文化自信。朔黄铁路公司一方面立足朔黄铁路沿线丰厚的革命文化、红色文化，一方面深入挖掘和传承中华优秀传统文化，结合企业自身创新引领的科技文化，形成了“朔黄红”文化谱系，如图 5-1 所示。

一、擦亮“朔黄红”文化底色

（一）“朔黄红”文化内涵

“朔黄红”文化是三色文化，代表着重载文化、中国传统文化和红色文化，分别总结出来就是“至公正己”“厚德崇礼”“创新引领”。

朔黄铁路
至公正己
厚德崇礼
创新引领
分子公司
联运单位
肃宁公司
坚守担当 同心培育 创新数智
原平公司
负重赶考 守正创新 数质担当
机辆公司
重载赶考 明德笃行 负重争先
黄大公司
团结奋斗 融合奉献 智慧开创
服务公司
星火传承 家和人安 卓越服务
物流公司
担当敬业 开拓共赢 绿色发展
检测救援公司
务实担当 自强不息 数据赋能
研究院
奋发进取 以人为本 科技保安 数智赋能
中铁一局新运朔黄肃宁分公司
安全 学习 创新 幸福
中铁三局运输工程分公司第二运输段
忠于托付 臻于至善 知重负重 永当先锋
中铁四局第八工程分公司朔黄运输分处
负重进取 同心奋进 拼搏争先
中铁十五局轨道交通运营公司朔黄铁路运输处
诚信运营 创新争先 精品卓越 安全和谐
中铁十六局朔黄分公司
红色初心携手共建 逢山凿路遇水架桥 负重争先勇于超越
天佑京铁轨道运营有限公司
融心汇智 勇于担当 诚信服务 合作共赢
天津枢纽环线铁路有限公司机务分公司
忠诚担当 履职敬业 团结奋斗 争创一流

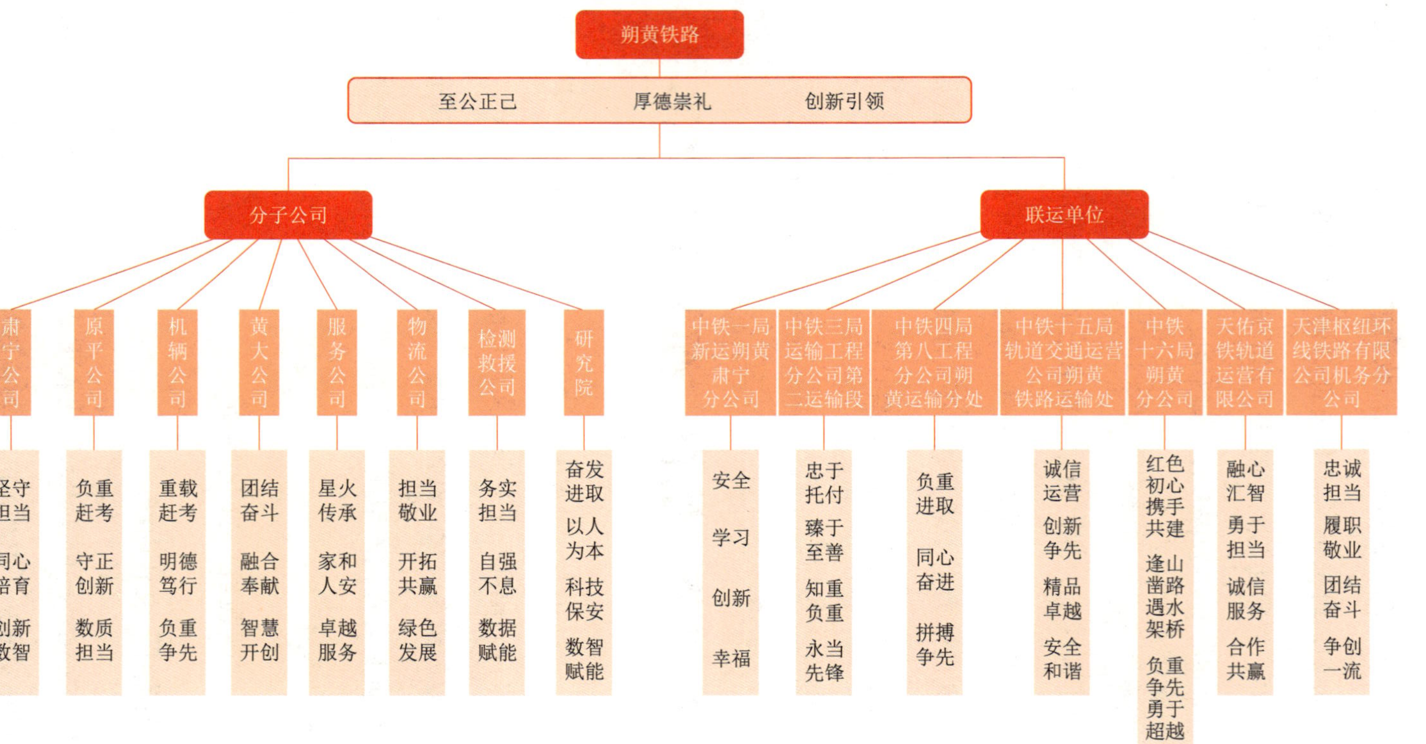

图 5-1 “朔黄红”文化谱系

“至公正己”，体现的是共产党人以人民为中心、极致为公的胸怀和勇于自我革命的担当。“厚德崇礼”，是对德行天下、以礼养德中国传统文化的生动解读。“创新引领”，是朔黄铁路公司不断突破、实现高质量发展的基因密码。

1. “至公正己”，强调实干奉献与担当

忘我工作、无私奉献是朔黄人干事创业的精神品质和内在力量。正身律己、自我革新是朔黄人立身处世的思想品质和人格魅力。朔黄人秉持敢为人先的胆识魄力，积极践行“社会主义是干出来的”伟大号召，在工作中忘我奉献。例如，神池南站员工在海拔1533米的高原，面对大风、降雪、极寒天气，以铁的意志和担当，累计出动除雪人员5000余人次，保障能源运输大动脉的安全畅通；黄骅港站站长冯晓杰带领团队在寒潮侵袭时迎难而上，确保煤炭运输顺畅，充分展现了朔黄人实干奉献的精神品质。他们在各自的岗位上为企业发展和国家能源保供默默付出，体现了强烈的担当意识。

2. “厚德崇礼”，倡导人文关怀

厚德载物，自强不息，崇礼仁义，心存敬畏，既是对传统文化精髓的把握，也是对个人行为操守的校验。朔黄铁路公司注重厚德崇礼，以德为先，践行社会主义核心价值观。公司关爱员工，例如，国能运输技术研究院构建员工心理关爱服务体系；机辆分公司“嫂子亲友团”为员工排忧解难，服务公司打造“家文化”品牌，提升员工幸福感和归属感。同时，员工积极参与志愿服务，例如，肃宁公司黄骅南站“义路阳光”志愿服务队开展多项公益活动，弘扬厚德仁爱的传统文化，体现了企业的社会责任和人文关怀，增强了员工的凝聚力和归属感。

3. “创新引领”，发扬首创精神

创新就是突破，是朔黄铁路公司发展的关键驱动力。在公司发展历程中，

有很多1到N的增量、业绩，也有很多0到1的转变、突破，甚至是对原有模式颠覆性的创新。例如，数智分公司科技创新团队填补国内铁路道床脏污状态研究领域空白，创新引入无人机参与设备巡检等，这些创新举措为企业发展注入强大动力，使朔黄铁路公司在行业内保持领先地位。

（二）“朔黄红”文化传承特点

1. 注重全员参与

“朔黄红”文化传承强调全员参与，从基层员工到管理人员，共同践行企业文化价值观。通过开展各类活动，如在“2024朔黄文化年”活动中，让广大职工参与文化活动、挖掘优秀人才、呈现文化成果，选拔出17名公司文化大使，形成了一批极具观赏性和感染力的节目，创作了报告文学、微电影剧本、原唱歌曲、“榜样的力量”系列专题片等30余个作品，增强员工对文化的认同感和归属感，使企业文化深入人心，成为全体员工共同的行为准则和价值追求。

2. 发挥群团组织作用

公司充分发挥工会、共青团等群团组织的作用，推动文化传承。工会组织开展“暖心工程”、“健康国能”工程等，关心员工生活；共青团开展“青年文明号”“青安岗”等创建活动，激发青年员工的创新活力和责任感，引导广大员工积极参与企业发展，在各自岗位上传承和弘扬“朔黄红”文化。

（三）启示借鉴

朔黄铁路公司提炼形成的“朔黄红”文化对其他企业的文化建设有以下启示。

第一，明确文化内涵与核心价值。一方面，深入挖掘与精准定义。企业在文化建设中深入挖掘自身的发展历程、业务特点、地域特色、员工特质等，提炼出独特且具有高度概括性、引领性的核心价值和文化内涵，使其成为企业的精神支柱和行动指南。另一方面，保持文化的连贯性和一致性。企业在不同的发展阶段，文化的核心价值应保持相对稳定，避免频繁变动导致员工的认知混乱。同时，要确保文化内涵与企业的战略目标、经营理念等相互契合、相辅相成，共同推动企业的发展。

第二，注重文化与业务的融合。一方面，文化建设融入日常运营管理。朔黄铁路公司将文化建设与安全生产、项目决策、工程施工、能源运输、企业经营、公司治理等日常业务紧密结合。其他企业也应将文化理念融入生产、销售、研发、管理等各个环节，制订与文化价值相符合的管理制度、工作流程和考核标准。比如，在绩效考核中加入对员工文化践行的考核指标，激励员工在工作中积极体现企业文化。另一方面，推动创新与发展。文化建设应鼓励员工在业务中不断创新，为企业的发展注入新的活力。朔黄铁路公司作为重载铁路运输企业，不断探索智慧运维等新模式，其他企业也应营造鼓励创新的文化氛围，支持员工提出新想法、新方案，推动技术创新、管理创新和商业模式创新。

第三，与地域文化和红色文化相结合。一方面，汲取地域文化精华。朔黄铁路公司所在的地区有丰富的地域文化，其他企业也可以结合所在地区的文化特色，将地域文化中的优秀元素融入企业文化建设中，增强企业文化的独特性和亲和力。比如，企业可以组织员工学习和了解当地的历史文化、民俗风情，开展与地域文化相关的文化活动，使企业文化更具地方特色和文化底蕴。另一方面，传承红色文化精神。红色文化所蕴含的艰苦奋斗、团结协作、忠诚奉献等精神具有重要的时代价值。企业可以通过参观红色教育基地、开展红色文化主题活动等方式，让员工学习和传承红色文化精神，增强员工的责任感、使命感和爱国情怀，将红色文化精神转化为企业发展的强大动力。

第四，与企业发展战略相结合。一方面，引领战略规划。企业文化应在企业发展战略的制订和实施中发挥引领作用，确保企业的战略方向与文化价值相符合。企业在制订战略规划时，要充分考虑文化因素，将文化理念融入战略目标、市场定位、产品研发等方面，使企业的发展战略具有文化内涵和精神支撑。另一方面，促进战略落地。企业文化建设要为企业发展战略的落地提供保障，通过文化的凝聚力和激励作用，推动员工积极参与战略实施，确保企业战略目标的实现。

二、以党建引领传承“朔黄红”文化

党建工作与传承“朔黄红”文化紧密结合，通过加强组织建设、推动学习教育、促进党建与业务融合等方式，不断提升党建工作质量，推动公司的发展和文化传承。

1. 扎根基层，党建引领

巩固拓展主题教育成果。朔黄铁路公司及时总结提炼主题教育开展过程中的好经验好做法，健全完善常态长效机制。建立理论学习长效机制，落实相关意见，完善列席旁听、两级联学、请假补学、督导考核等机制。建立服务职工群众长效机制，常态化开展“我为群众办实事”，用好“暖心信箱”“后勤信箱”，建立现场办公会解决基层工作难题机制，确保主题教育取得职工群众满意的好效果。

发挥基层主动性能动性。一是深入挖掘“两个务必”到“三个务必”的深刻内涵，将西柏坡精神融入公司改革发展中，在西柏坡党校打造“沿线红色文化、中华优秀传统文化、优秀朔黄文化”三条文化长廊，制作相关精品课程。二是深入践行“社会主义是干出来的”伟大号召，提炼挖掘神池南“1533”、“小党站大党悟”、安国“安定、安全、安康”三安特色党支部品牌内涵。三是朔黄铁路公司把基层支部建设与“朔黄红”文化相结合，打造出具有特色和实际价值的党建制度，形成金字招牌。同时，各基层党支部积极推进支部攻坚项目竞赛，选取对企业发展贡献突出的项目作为攻坚内容，彰显组织优势。

2. 注重实践，特色鲜明

朔黄铁路公司把品牌理念引入党建工作，持续构建“脉动朔黄”党建品牌矩阵，通过塑造党建品牌，持续丰富“朔黄红”文化内涵，探索建设党建标准示范站。当前，朔黄铁路公司形成了党支部品牌建设三大梯队，即推广宣传一批以“三安”“太行我最行”“LKJ”为代表的相对成熟品牌，提炼打磨一批以“铁狮”“向前向前”“赢贯东西”为代表的新建品牌，孵化培育一批重点业务、关键位置党支部特色品牌。

3. 文化传承，勇于创新

朔黄铁路公司在文化传承中勇于创新党建工作，如黄骅港站党总支明确“三个一点”工作法，即党员标准比群众高一点、担当比群众多一点、行动比群众快一点，通过组织开展“党员身边无违章”等活动，构建项目攻坚机制，完善应急响应机制，促进党员先锋模范作用发挥，在能源保供、科技创新等方面取得显著成效，推动党建工作与企业文化深度融合。

三、持之以恒推进企业品牌和文化建设

朔黄铁路公司通过“学文化、行文化、见文化”推动“朔黄红”文化落

实落地，叫响“我是朔黄人、我要朔黄红”鲜明口号，使全体员工做企业文化的实践者、践行者、代表者。

（一）推动“朔黄红”文化三部曲

1. 学文化

朔黄铁路公司通过多种方式推动员工学习企业文化，强化理念传播与认知深化。开展全面培训，为不同层级、不同岗位的员工制订系统的培训计划。通过内部培训课程、专题讲座、在线学习等多种形式，深入讲解“朔黄红”文化的内涵、核心价值观、历史渊源及对公司发展的重要意义，确保员工对“朔黄红”文化有准确、深刻的理解。例如，邀请公司内部文化专家或资深员工分享经验、解读案例，让员工在真实故事中感受“朔黄红”文化的核心内容和所具有的魅力。同时，加强对党的创新理论和方针政策的学习，将企业文化与党的建设相结合，使员工在学习中增强文化自信，提升政治素养和业务能力，为践行企业文化奠定思想基础。

2. 行文化

员工在工作中积极践行“朔黄红”文化。在管理方面，以“朔黄红”文化的红色精神为引领，强调忠诚、担当、奉献等价值观，培养员工的责任感和使命感。在工作流程中，倡导实干、创新、和谐的企业精神，鼓励员工不断改进工作方法，提高工作效率。在运输生产一线，员工以实干奉献的精神保障铁路安全畅通，如神池南站、黄骅港站等员工在恶劣天气和紧急任务中坚守岗位，体现担当作为；线路工在日常巡检中，发挥“朔黄红”文化中艰苦奋斗的优良传统，认真细致地排查每一处隐患；信号工在设备维护中，运用创新精神，不断探索新的技术和方法，提高信号系统的稳定性。同时，在团队协作中，弘扬和谐发展的理念，促进员工之间的沟通与合作，共同为公司的发展贡献力量。

3. 见文化

朔黄铁路公司持续加强企业文化建设。构建企业文化体系，明确企业的核心文化、价值理念等。强化文化认同和高度自觉，从而自然呈现出“朔黄红”文化的魅力，打造出“朔黄人”文化品牌，厚植“朔黄情”文化情怀，塑造有灵魂、有温度、有担当的企业形象，不断提升朔黄铁路的美誉度和员工的自豪感，激发员工忠于企业、奉献企业的使命担当。

（二）大力弘扬企业文化精神

1. 加强员工培训教育

定期组织员工参观红色教育基地，如西柏坡革命根据地、毛主席路居纪念馆等朔黄铁路沿线的红色景点，让员工亲身感受红色文化的力量。举办红色文化主题演讲、征文、文艺演出等活动，鼓励员工积极参与，深入表达对“朔黄红”文化的理解与感悟。

开展“朔黄红”文化知识竞赛等活动，激发员工学习和践行“朔黄红”文化的积极性，提高员工的专业技能和综合素质。同时，通过竞赛活动选拔优秀文化践行者和业务能手，树立榜样，带动全体员工共同进步。

2. 发挥榜样示范作用

朔黄铁路公司建立健全表彰激励机制，对践行企业文化表现突出的员工和团队进行表彰奖励，激励广大员工积极进取，弘扬企业文化精神。如评选“朔黄楷模”等先进典型，培养一批“朔黄红”文化代言人，并给予精神和物质奖励，激发员工的工作热情和创造力，营造良好的企业氛围。宣传在技术创新、岗位奉献、“朔黄红”文化践行等方面表现突出基层员工的先进事迹，引导员工向榜样学习，激发员工的正能量，推动企业文化的传承和发展。

（三）打造文化品牌形象

1. 品牌形象塑造更加生动

朔黄铁路公司精心塑造“朔黄红”文化品牌形象，传承传统文化、弘扬红色文化、发展社会主义先进文化，融合重载铁路特色和企业价值观，丰富和发展“朔黄红”文化释义。设计独特的品牌标识，赋予其深刻的文化内涵，更好、更直接表达朔黄人的精神品质和企业追求。同时，加强品牌文化建设，聚焦公司中心工作和重点任务，通过文化活动、宣传推广等方式，提升品牌知名度和美誉度，全方位讲好朔黄故事。

2. 品牌传播成果更加丰硕

利用多种渠道进行品牌推广与传播，如在企业内部通过宣传栏、内部刊物、会议等宣传品牌文化；在外部通过媒体报道、参加行业活动等提升品牌影响力。积极宣传企业在重载运输、科技创新、社会责任等方面的成果，展示企业形象，吸引社会关注，增强企业社会影响力和品牌知名度。

第六章
两横一纵　以干促效：深化“精益管理”新动能

随着数智化转型和知识经济时代的到来，管理、业务也需要实现数智化重塑。朔黄铁路公司立足于企业具有的生产经营、价值创造高度依赖于设施安全健康运行的管理特征，以“两横一纵”为企业组织生产运营的最基本逻辑架构，构建起“两横一纵、多业务协同”数智朔黄精益管理体系。

这一体系的核心是以“融合之道”实行精益管理，按照“集成化”、“系统化”和“生态化”的管理逻辑对业务和管理进行数智重塑。“集成化”变革是通过经营管控计划和按图运营计划为“两横”，将铁路运输企业最核心的运输生产和运营管理两项任务所涉及到的所有流程进行梳理后，针对过程断点、环节缺失、流程冗余、职责模糊、信息错位等不足进行优化整改。“两横”计划既是业务和管理目标的具体化，又包含了“端到端”完整业务和管理流程。“系统化”变革是将计划和计划背后的业务流程通过“融合封装”形成一个完整的管理单位，以“四个聚焦、四个清单、八个环节”为“一纵”，按照全生命周期进行管理，形成目标不偏移、过程不失焦、责任不悬空、执行不缺位的闭环生态。“生态化”变革是以“两横一纵”业务重塑为基础，派生产生“动静变”、生产与计划、生产与组织、业务与风控、业务与经营五个维度的动态优化和风险控制的协同网络。五个维度的协同，相互关联、相互作用，并分别聚焦全局最优形成动态优化清单，聚焦公司党建引领、安全监督红线形成党建清单和风险清单，驱动“两横一纵”新型业务体系中的业务清单和安全清单的按需优化。

“两横一纵、多业务协同”数智朔黄精益管理体系通过数智时代的业务、管理重塑及“五位一体”协同网络打造，构建智能驱动决策体系，并最终形成多元融合的数智生态，实现过去的优秀发展经验有效延续、现在的企业运行健康状态有效监测、未来的经营发展动态有效预见。其所体现出来的全过程的清单化管理、全覆盖的标准化运行、全级次的数智化管控、全要素的精准化协同、全数据的集成化连接、全方位的可视化管理、全场景的生态化建设、全周期的动态化管理等“八全八化”管理特征，也为企业破解跨部门间业务流程断点、数据孤岛林立等共性难题提供了路径，为行业内企业组织的进化路径、管理业务数智化重塑路径提供了样例。

第一节　“两横一纵、多业务协同”的提出背景

随着市场竞争的日益激烈，企业面临的发展环境变得越来越复杂和多变，需要通过更精益化的管理体系变革来提升竞争力。精益管理是许多企业追求高效运营和持续改进的重要方法之一。“两横一纵、多业务协同”数智朔黄精益管理体系的核心在于推进创新性、深层次、系统性的管理模式改革。该体系以“两横一纵”为手段，秉持“端到端”和清单制的流程管理为核心的管理理念及体系化的工作思维，通过信息系统贯穿全部管理层级和业务流程，以数智化赋能新质生产力发展，为多业务协同的实现创造了更多的空间，加速推进“数智朔黄”多元融合数智生态建设。朔黄铁路公司探索实施数智化精益化管理的目标是向管理要效益、要方法、要提升，为企业打造一套有效的管理工具来更好地创造价值，实现企业管理由粗放到精益、由经验驱动到数据驱动、由传统运输作业到智能运输作业的跨越。

一、政策导向：深化国企改革、增强价值创造的有效抓手

精益思想是一种聚焦客户价值创造的管理理念，也是一套系统的方法论。强化精益管理是深化国企改革背景下提升企业管理水平、促进企业提质增效的有效举措。2020 年 6 月 13 日，国务院国资委正式印发《关于开展对标世界一流管理提升行动的通知》，明确了对标世界一流管理提升行动的八大重点任务及细分的 34 个对标提升领域，其中明确强调：“加强运营管理，提升精益

运营能力。”也就是把价值创造融入企业管理运营诸环节，增强集团化管控、集约化运作能力，进一步强化精益运营和精益管理。2022 年 2 月 28 日，中央全面深化改革委员会第二十四次会议审议通过的《关于加快建设世界一流企业的指导意见》也明确提出“推动企业将精益管理运用到研发设计、生产制造、供应链管理、营销服务的全流程”。因此，将精益管理理念和方法全面融入企业生产经营全过程，是国企改革深化提升行动的重要部署，也是国有企业进一步提高效率、激发活力、提升价值创造能力的关键举措。

二、行业发展：适应行业变革下的“端到端”管理要求

进入新发展阶段，以传统方式开展铁路运输已不能满足我国经济社会的发展需要，铁路运输行业正由“走得了”“运得出”变为“走得好”“运得畅”。一直以来，传统铁路运输管理模式通过层层分级的调度指挥系统和固定的班次来保证货物运输的安全稳定，缺乏与现代物流和智慧重载运输发展相适应的管理体制和运行机制，部门间虽然多有横向协同，但是业务流程的断点仍然明显，“人财物”等资源配置的精准性、灵活性还不够，从计划到执行落地的全过程监管仍然不足。在数智时代下，企业需要推动新型业务模式和管理模式的重塑。同时，随着“双碳”目标的实施，以及特高压、新能源等技术的快速发展，朔黄铁路公司主要依赖的煤炭等传统大宗物资运输总需求，长期来看将呈现逐步下降趋势。铁路货运必须要加快推动铁路货运向现代物流转型升级，将“站到站”运输拓展为“门到门”甚至是“端到端”服务，实行全链条全过程管理[①]。朔黄铁路公司通过有效推进精益管理，积极培育全员

① 李杰，加快推动铁路货运向现代物流转型升级，在第三届中国地方铁路高质量发展论坛上的演讲发言，2024 年 7 月。

精益管理理念，既能消除运输中的不必要浪费，也可以全面贯彻价值创造目标，以精益管理新思维为铁路运输行业高质量发展注入新活力。

三、历史使命：公司创建世界一流专业领军企业的需要

朔黄铁路公司正处在转型发展的关键时期，这是公司当前所处的总的历史方位。作为正在创建的世界一流专业领军示范企业，朔黄铁路公司也成功入选国务院国资委改革深化提升行动基层企业直接联系点，被国家能源集团选为改革深化提升行动数智化工程建设试点单位。新时代赋予朔黄铁路公司新的重大历史使命。公司要围绕“专业突出、创新驱动、管理精益、特色明显”的内涵特征，把提升“精益管理”作为重中之重，推进创新性、深层次、系统性的管理模式改革，从计划管理、运营成本控制、组织效率提升等多个维度探索推进精益管理，彰显铁路行业管理领域专业领军的朔黄水平。

第二节 “两横一纵、多业务协同”的内涵特征和管理思想

朔黄铁路公司是一个典型的高度设备依赖型企业，运输生产的地理空间范围极广，下游客户对运输时间的准确性要求较高，设备质量、运转效率、管理能力的强弱直接影响企业的生命力。为此，朔黄铁路公司深度融合精益管理思想，逐步构建起以“两横一纵、多业务协同”为主体架构的数智朔黄精益管理体系，以“端到端”和清单制的流程管理为核心，实现动态跟踪、全要素管控和智能决策参考。横向上，围绕铁路运输企业安全生产和经营管理两个最本质的核心业务，铺画经营管控计划和按图运营计划两条主线计划，

围绕计划配置要素和资源；纵向上，围绕自上而下的管理和控制，实现管理的计划、组织、指挥、协调、控制全流程，达到全要素生产效率的最优；通过多业务协同覆盖管理全要素，提升数智化管理能力。

一、“两横一纵、多业务协同”的基本内涵

朔黄铁路公司基于“计划驱动、清单管控、重点聚焦、体系化运行”的核心理念，形成“两横一纵、多业务协同”数智朔黄精益管理体系，基本解决了“两横一纵”各自独立运行的问题，实现了横向互联、上下贯通的管理协同，最终形成智能驱动的决策体系。“两横一纵、多业务协同”数智朔黄精益管理体系的基本内涵如下。

“两横”是指朔黄铁路公司的经营管控计划和按图运营计划。“两横”的提出来源于朔黄铁路公司的铁路运输行业属性。铁路运输企业最基本的生产运营特点是各项生产活动高度依赖设备设施。因此，设备设施的质量、运转的效率、设备管理的能力直接决定企业的安全生产效率和经营效益。正是基于对企业运转规律的深入分析，朔黄铁路准确找到了“生产运行管理”这条企业的生存逻辑主线，在此基础上提出了“经营管控计划”和“按图运营计划”这两个贯穿企业整个生产经营过程的最基本管理手段，以精准协同各要素实现最优匹配为目标，以经营管控计划和按图运营计划两个计划为驱动，通过对设备的管用养修全流程和全寿命周期的把握，指导设备管用养修和生产运营各要素的高效配置，指导企业管理的全过程，实现企业全要素生产效率的最优。两个计划不仅直接体现业务、管理的目标，而且包括所有实现目标的“端到端”业务流程。

“一纵”是指朔黄铁路公司自上而下的管理和控制。两个计划分解形成的

一个个具体的业务事项要依靠一个强有力的管理工具去实施有效的管控，从而确保每一个业务事项都能高质高效地实施落地并最终完成。只有这样两个计划的价值和意义才能得到体现，企业的规划、计划等才能由思想和理念层面转化到现实的生产力层面。朔黄铁路公司构建的这一个自上而下的管理和控制系统就是以“448”为核心理念的精益管理系统。“448”中第一个“4”是指“四个聚焦”，即聚焦“全面从严治党、上级考核评价、重要紧要事项、创建世界一流专业领军示范企业”四个重点领域，实现有效管控企业关键核心环节，防止企业发生根本性和方向性错误。其构建逻辑是基于矛盾论原理，即管理好任何事物都要首先抓住其主要矛盾和矛盾的主要方面。第二个“4”是指形成“党建、安全、业务、风险”四个任务清单，其构建逻辑是基于归纳分析原理。通过四个任务清单，实现对企业各管理要素的有效分类、归集，将两个计划分解生成的各类庞杂而又具体的任务事项，根据朔黄铁路公司的实际情况，分成四个大类清单，从而避免任务事项的重复和遗漏。“8”是指“任务、组织、责任、计划、标准、保障、控制、考核评价”八个环节。其构建逻辑是坚持系统思维原理，将四个清单中每一个具体的任务事项都分解成运行管控的八个环节，以“任务”的生成为起点，匹配任务完成必须具备的组织环节、责任环节、计划环节、执行标准环节、配合保障环节、过程控制协调环节，任务事项完成的效果如何，最终要纳入到考核评价，从而形成一个从任务生成一直到接受考核评价的完整闭环。

多业务协同是指通过信息化手段和强大的数智化逻辑算法实现按图运营计划、经营管控计划和精益管理系统三者协同联动，以“重塑数智视角下的业务流程”、“打造多维协同网络”、“建立智能驱动的决策体系”为基本建设思路，通过构建“业务协同、管理要素协同、风险控制协同、决策协同”四大类协同路径，最终形成“多元融合的数智生态”。

总体而言，“两横”为公司高质量发展的驱动系统，立足于公司作为铁路运输企业的最基本行业属性和能源运输保供的最基本职责使命，聚焦主责主业，负责生产运输和经营管理两条专业线的管理和驱动；“一纵”为公司高质量发展的控制系统，立足于公司为国资央企的最基本政治属性和创建世界一流专业领军示范企业的目标追求，聚焦政治功能发挥和公司发展战略落实，负责公司自上而下的管理和控制。“两横”+“一纵”，驱动与控制相辅相成，构成一个“干”字，体现“实在干、协同干、科学干”的基本导向，落实“想事、管事、干事”的基本要求。多业务协同作为公司高质量发展的重要抓手，通过数智化赋能，集中各业务信息、资源，打通各业务系统的工作职责，统筹各管理线条，着力强化组织之间的耦合力度，用业务协同打通管理的“堵点”“断点”，进一步增强左右协同的动能，释放上下贯通的势能，更好地发挥管理协同矩阵的作用。

二、“两横一纵、多业务协同”的管理特征

“两横一纵、多业务协同”数智朔黄精益管理体系以精益思想为指导，以价值创造为目标，以体系化思维为方法，以抓落实为主线，将全面深化改革与精益运营相融合、将建设世界一流专业领军示范企业与精益文化相结合、将发展新质生产力、推动高质量发展与精益实践相统一，着力打通各管理系统，重构企业发展底层逻辑，着重解决信息化建设成果与计划“端到端”闭环管理要求不匹配、缺少数据资产的统一管理平台、支撑“高铁看中国、重载看朔黄”蓝图的数智化能力支撑不足等问题，实现横向到边协同、纵向到底贯通，打通从任务流到组织、执行、考评的管理闭环，实现从过去传统的

按图行车逐步走向按图运营，最终实现朔黄铁路公司在全面管理上高度归集，在过程管理上透明感知，在协同管理上简洁高效，在组织管理上智能优化，在人员管理上开放民主，在效果管理上立竿见影的管理目标。

总体而言，“两横一纵、多业务协同”数智朔黄精益管理体系的管理思想源于实践论、矛盾论、协同论等的原理和观点，重点突出构建生态管理化、清单制管控、数智化应用等方面，是具有朔黄特色的管理思维格局升级，主要特征可以归纳总结为“八全八化”，即全过程的清单化管理、全覆盖的标准化运行、全级次的数智化管控、全要素的精准化协同、全数据的集成化连接、全方位的可视化管理、全场景的生态化建设、全周期的动态化管理。

一是全过程的清单化管理。全过程是指从管理活动的开始到结束，确保活动的顺利进行和成功完成；清单化管理是指将目标或工作任务分解成清单，明确管理内容或控制要点，并按清单检查考核。数智朔黄精益管理体系实施全过程的清单化管理，以清单制任务为主线，提出“按图运营”新机制，即根据市场需求和企业实际情况，精准制订经营管控计划和按图运营计划，以经营管控计划实现资源的有效配置和需求的合理满足，以按图运营计划牵引运输生产管理，联动“八个环节”，构建一体化精益管理系统，打通从任务流到组织、执行、考核评价的全流程管理闭环，压紧压实责任链条，实现任务的闭环管理、精细化管理及智能化管理。

二是全覆盖的标准化运行。全覆盖指的是对所有业务领域和管理环节进行实时监控和管理；标准化运行是通过制定和执行统一的操作流程和规范，确保所有步骤都按照既定的标准进行，从而提高工作效率、减少错误和变化，使得整个过程更加稳定和可靠。数智朔黄精益管理体系实施全覆盖的标准化运行，将精益管理的思想和方法上升为企业战略管理理念，建立一套系统、规范的标准体系，构建统一的标准化语言、思维、指标、方法和文化，要求抓住每个关键节点，确保各个领域和流程都能够按照统一的标准进行操作和管理，从而实现全方位、无死角的标准化管理，提高整体工作效率和质量。

三是全级次的数智化管控。全级次是指包含公司本部、子分公司、中心站、基层班组的完整企业组织结构，确保每个层级的功能和职责都得到明确的规定和管理；数智化管控是指通过数字技术和AI算法的结合，实现对数据的收集、分析和应用，以提升企业的运营效率和决策质量。数智朔黄精益管理体系实施全级次的数智化管控，基于数据驱动和智能AI的助力，以工作任务清单的“唯一性”生成和任务执行过程的“精准化”管控为核心，把各层级传统的线下计划变成数字化流程。该体系探索依据数据特征进行智能诊断，强化重点任务的智能管控，提升过程管控的精准性和高效性。通过强化数据的关联、采集、分析、算法及应用，确保任务流转和管理决策基于数据洞察，实现全业务流程的数字化、智能化一体管控，全面提升管理质效。

四是全要素的精准化协同。全要素是指企业在进行生产或其他经营活动时所使用的所有资源和要素的综合，包括人员、机构、物料、产品、资源等；精准化协同旨在通过精确的数据和专业协同的方式，实现更高效、更有针对性的操作和管理。数智朔黄精益管理体系实施全要素的精准化协同，聚焦企业所有日常生产经营活动，以按图行车完成运输任务为目标导向，将人、财、物、后勤保障等所有生产要素统一匹配。通过精心制订按图运营计划，合理安排资源，调动各生产业务单元实现高效协同，确保运输任务的高效完成；利用经营管控计划统筹铺排公司的大中修、项目投资、科技创新投入等，并有机关联财务、采购、物资业务，形成多态协同、有机融合、高效运行的经营管控计划驱动业务管理模式。

五是全数据的集成化连接。全数据是指对管理过程中所产生的数据进行全面地录入、统计、分析和利用，以提供全面、准确的洞察和决策支持；集成化连接是将多个独立的组成部分或系统结合在一起，形成一个整体系统或解决方案的过程，以实现更高效、更有效的整体运作。数智朔黄精益管理体系实施全数据的集成化连接，通过建立任务事项一键派发、重点关键任务管控可视化、任务流程状态实时监控、任务事项集中管理等系统功能，实现对“四个清单”中各项任务事项的一屏掌控、多屏展示、关键数据一键穿透、重点风险及时预警等，推动企业以数据集成方式实现日常经营管理的横向到边协同，纵向到底管控。在此基础上，通过不断沉淀数据，促使业务、管理经验实现螺旋式提升。

六是全方位的可视化管理。全方位指的是涉及各个方面，强调覆盖所有重要领域和细节；可视化管理是通过形象直观、色彩适宜的视觉感知信息来传达组织内的各项管理活动，并运用定位、画线、挂标示牌等可视化技巧与方法来实现管理的可视化。数智朔黄精益管理体系实施全方位的可视化管理，从技术上打造了一个集成化、数字化、智慧化的管理平台，构建完整的任务执行可视化体系，通过信息系统贯穿所有的管理层级和业务流程，每一个重点环节都通过系统进行监控，形成自上而下的目标导向作用，实现重点关键任务管控可视化、任务流程状态实时监控。通过对在系统管控中运行的各类任务事项开展系统化、深层次的数据统计分析，并自动生成各类分析图表，通过分析图表的方式立体展示各项任务事项的推进实施情况及变化趋势，实现工作进展成效的多维度、全过程可视化管理，达到目标管理、问题管理与工作过程管理有机融合。

七是全场景的生态化建设。全场景涵盖了从货物的装载、运输到卸载的整个过程，以及在这一过程中涉及的设备、技术、安全管理和环境影响等多个方面；生态化建设是指通过技术的融合和创新，以及业务模式、组织架构和业务流程的全面重构，建立一个相互关联、协同运作的全场景、全链路的生态系统。数智朔黄精益管理体系实施全场景的生态化建设，就是立足铁路运输的各个场景，以“四个聚焦、四个清单、八个环节”为抓手，以激励、绩效、价值观驱动每个人积极主动参与生产和管理的精益提升，以“点线面体域”纵向逐级推进改善，最终将工作任务落到“站”“车”“岗位”“员工”上，打造一个集平台、人才、产业、技术、配套服务及环境于一体的相互促进、相互影响的生态系统。针对公司各级组织和人员进行执行任务的绩效画像，推进全员参与管理，深入挖掘组织、个人执行效率，打造综合管理生态，为优化组织结构，适应科学化、现代化的管理提供依据，从而大幅提升管理效益，确保多业务协同的目标实现，支撑企业实现高质量发展。

八是全周期的动态化管理。全周期是指将管理的整个过程细分为多个阶段，并在每个阶段进行介入和管理，以确保整个管理体系的高效运转和协同配合；动态化管理是一种灵活应对变化的管理方式，它强调根据内外部环境的变化，及时调整经营策略和管理手段，以保持企业活动与管理的弹性。数智朔黄精益管理体系实施全周期的动态化管理，就是通过全生命周期统筹的管理理念进行持续的优化和改进活动，一方面通过按图运营确保计划的相对稳定，实现按图组织、按图配置、按图施工、按图保障、按图经营，另一方面根据气候条件、市场形势、历史规律等因素，结合每年的运量要求，抓住“事前”“事中”“事后”三个关键节点，通过实时监控、灵活调整和持续优化计划，在目标、资源和方法之间进行动态的调整和匹配，实现全周期跟踪管理，不断提升效率、效果和适应性，保证国家能源运输安全和能源保供。

三、“两横一纵、多业务协同”数智朔黄精益管理体系的模式总结

基于以上基本内涵特征，“两横一纵、多业务协同”数智朔黄精益管理体系可提炼为“S-PLUS”模式。其中，第一个S即多业务协同（Synergetics），表明以多业务协同覆盖管理全要素，提高综合管理效率。同时，S也是朔黄（Shuohuang）的简称，体现了该体系的专属风格。PLUS对应“2448”精益管理体系：其中，P即两个计划（Plan），为“两横”，通过经营管控计划和按图运营计划，驱动公司各项生产经营管理工作；L为“一纵”中的四个重点聚焦（Lock-on），一是聚焦全面从严治党，二是聚焦上级考核评价，三是聚焦重要紧要事项，四是聚焦创建世界一流专业领军示范企业。U为“一纵”中的四个清单（Union）管控，即构建党建清单、安全清单、业务清单、风险清单；S为“一纵”中的八个环节（Step）落实，即构建任务环节、组织环节、责任环节、计划环节、标准环节、保障环节、控制环节和考核评价环节。“S-PLUS”数智朔黄精益管理体系如图6-1所示。

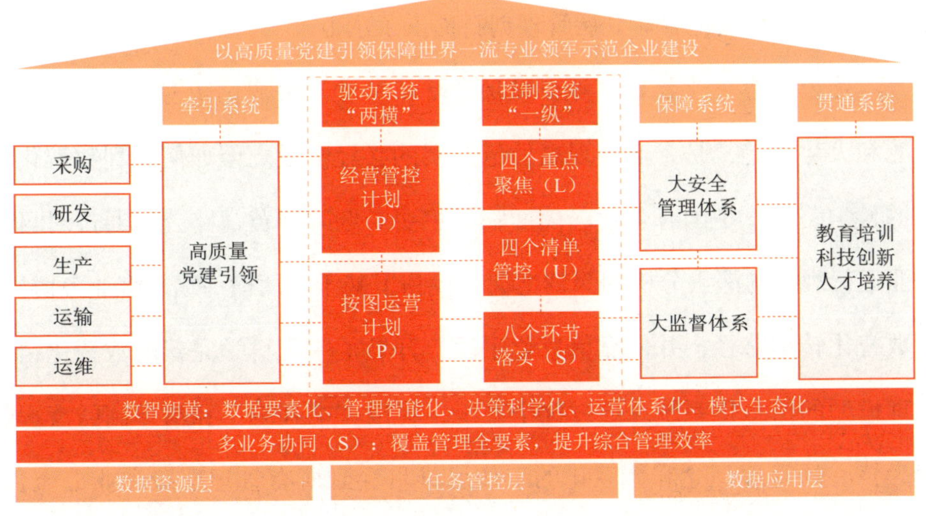

图6-1 朔黄铁路公司“S-PLUS”数智朔黄精益管理体系

四、"两横一纵、多业务协同"的推广价值

朔黄铁路公司应用"两横一纵、多业务协同"数智朔黄精益管理体系，不仅能够提升企业内部的生产效率和协作能力，还能够促进企业间的合作与创新，提高了管理效率和运输安全，同时促进了节能减排和绿色发展。总体而言，"两横一纵、多业务协同"数智朔黄精益管理体系的理念前瞻、体系完整、模式创新，具有较高的可借鉴性和可复制性，并具有重要的推广价值。

一是为国有企业提供了管理创新示范。企业的数智化建设不仅仅是信息化建设的升级迭代，更涉及企业管理体系和决策机制的深刻变革。通过数智化手段的应用，可以对企业的各项管理活动实现实时监控、全面分析和精准评估，使管理者能够及时掌握企业运营的动态信息，从而优化决策过程，提高管理效率和响应能力。朔黄铁路公司通过构建基于"两横一纵、多业务协同"数智朔黄精益管理体系，有效解决了目前部分国有企业内部存在的管理手段单一、目标牵引不足、内部协同僵化等问题，从而大大释放了企业经营活力和效率，为其他企业开展管理创新提供了示范。

二是为国有企业数智化转型提供了路径参考。数智化转型是当今的时代命题和大势所趋，是企业实现高质量发展的必经阶段。但如何找到数智化转型的科学路径，是国有企业当前面临的主要难题。朔黄铁路公司通过对自身企业运行规律的深入分析和深刻把握，找到了基于"两横一纵、多业务协同"的数智化转型路径，并依靠信息化手段，开发了一套科学完善的数智化精益管理模型的信息化系统。通过这个系统，将以"端到端"和清单制的流程管理为核心的管理理念和体系化的工作思维贯穿到所有管理层级和业务流程，借助大数据的分析集成和数字化的手段，做到了管理全流程的实时监控、管

理全要素的优化匹配和管理全方位的可视化展示，从而实现了对企业管控逻辑的整体重塑，打造形成了一套独具朔黄特色的数智化精益管理模式，为其他企业数智化转型提供了路径参考。

第三节　两横驱动：经营管控计划和按图运营计划

传统铁路运输行业都有一套自己的计划方案，包括调度、值班、运输等内容，但朔黄铁路公司通过“两横”驱动以数智化赋能按图运营，将传统的计划方案转变为数智化的目标任务、业务流程和管控措施，从而形成具有朔黄特色的新质生产力，实现目标与资源和方法的精准匹配。

一、经营管控计划的主要内容

（一）经营管控计划的内涵和作用

经营管控计划体现的是公司层面的管理手段和方法，通过精益管理实现管理创效。朔黄铁路公司构建以项目及项目全周期管理为基础的经营管控计划管理体系，围绕大中修、投资等项目，实现项目与生产和营销管理、投资管理、大中修管理、财务管控、人力资源管理、物资管理等方面的有效协同。目前，朔黄铁路公司经营管控计划主要包括生产计划、投资计划、财务计划和专项计划等内容。

经营管控计划的作用体现在以下两个方面：一是高价值项目的产生。通过系统性地综合朔黄铁路公司的生产计划、财务计划等全方位信息，结合公司发展战略规划和行业发展趋势，谋划出一批具有增长潜力和战略价值的项目。二是企业综合经营目标结果的反映。经营管控计划整合了生产运输业务、财务、投资、大中修、人才、物资采购等多个计划，为领导者提供了一个全面的经营全景和综合经营指标的分析路径。

（二）经营管控计划对项目的管理方式

经营管控计划中，项目是计划的核心载体，也是管控难点。投资计划、科技专项计划、大中修计划以项目作为计划生成基础，并将对项目的“端到端”管理包含在计划内。科技专项计划、大中修计划是反映计划期内的专项安排，又统称为专项计划。因此，投资计划、科技专项计划、大中修计划又可以被统称为项目计划。从项目管理方式看，朔黄铁路公司将项目主要分为大中修项目和投资项目，采取不同的管理方式。将大中修项目单独管理，是考虑到铁路运输需要依赖设备的安全稳定运转，而大中修与之紧密相关，具有周期性、临时性等特点，且其审批流程不同于其他计划，需要进行差异化管理。与项目对应的投资计划与大中修计划是经营管控计划中的重点，予以详细介绍。生产计划相关内容在生产经营计划的相关章节中介绍。

1. 投资计划及项目的管理方式

投资项目具体包括新（扩）建、技改、办公类小型基建、信息化、科技投资、股权投资等项目。从计划角度来看，投资项目联动产生投资计划，涵盖固定资产投资、股权投资、科技投资及信息化计划等。其中，固定资产投资计划则可以进一步细分为新建（扩建）投资计划、技改投资计划、办公类小型基建投资计划。投资计划实行中长期发展规划指导三年滚动规划，三年滚动规划指导年度计划的规划管理机制，以提升投资计划的预见性。较大规模以上项目的投资计划需提前纳入中长期发展规划和三年滚动规划。年度投资计划采取与三年滚动计划联动编制模式，三年规划中的最近一年数据要达到年度计划编制精度，以实现各周期间的有效衔接。在年度计划层面，按照年度总体控制、季度分解调控的原则组织实施。四个季度累计下达的季度投资计划，即为项目全年实际执行的投资计划。

2. 大中修计划及项目的管理方式

大中修项目是指为恢复原有固定资产性能、精度、效率和生产能力，适应铁路运输及安全生产需要，对固定资产进行有计划地修理和维护。为规范公司大中修计划管理，提高其科学性、准确性和严肃性，朔黄铁路公司制定了《大中修计划管理办法》。根据大中修的频率，分为周期修、状态修和紧急补修三种。周期修是依据铁路行业、国家能源集团或公司相关管理制度规定的年限或工作量标准进行的维修。状态修是根据状态监测和诊断技术提供的设备状态信息，预判设备状况、预知设备故障趋势安排的维修。紧急补修则是针对无法提前预测的突发灾害造成的设备、设施毁损，或意外出现的设备、设施质量超过容许偏差，需要紧急处理的维修。

3. 项目的全生命周期管理

管好项目是经营管控计划发挥精益管理作用的基础。由于项目数量多、环节多、交叉管理等情况，导致审批管理难度大、计划执行效果差、管控薄弱、关键环节衔接不畅等问题。朔黄铁路公司将项目的全生命周期分为前期阶段、设计阶段、采购阶段、实施阶段、竣决结算、归档阶段和评价阶段七个阶段，各阶段下又重点包括项目酝酿、项目计划、项目决策、项目下达、初步设计、施工图、招采管理、合同管理、开工管理、工期管理、进度管理、验工计价、质量安全、人员管理、旧料管理、甲供物资管理、造价控制、竣工验收、后评价以及监督考核等19个具体环节。通过项目的全生命周期管理，基本上实现了对项目运行阶段的全面覆盖，项目关键里程碑节点的全面管控，项目成本的准确归集，对项目的运行情况开展及时预警，并最终实现项目全过程管控的智能决策。

（三）经营管控计划内的联动机制

1. 各个计划的有机结合

经营管控计划是各个专业计划（生产计划、投资计划、专项计划）与财务计划之间的有机结合，而不是简单的重复打包。

从周期来看，年度经营管控计划包括年度生产、投资、财务、科技等计划；月度经营管控计划包括生产月度计划和财务月度计划，以及投资、科技和大中修重点项目月度计划。各个周期的计划按照时间节点有序衔接。

从部门职责来看，战略规划部作为综合计划委员会办公室，主要负责完善经营管控计划制定的管理制度、年度经营管控计划的汇总和综合平衡、编制季度经营管控计划。同时，战略规划部是投资、大中修计划业务管理部门。运输部是运输生产计划业务管理部门。财务部是财务预算、资本运营、股权投资计划业务管理部门。科技部是科技投资及科技专项计划管理部门。调度中心是对运输生产计划分解执行及按图运营计划业务管理的单位。信息中心是信息化计划管理单位。各个部门制订的分子计划，共同构成了朔黄铁路公司的年度、月度经营管控计划。

2. 投资、生产、财务计划的相互联动

经营管控计划对计划的有机结合还体现在构建了投资、生产和财务之间的联动关系。经营管控计划首先实现生产、财务等的直接关联，随着经营管控计划管理能力的提升，未来也将逐步构建起横向联动人才、后勤保障在内

的全要素。投资、生产与财务计划之间的联动关系，具体在以下三个层面。

生产与财务计划的联动方面，生产计划执行的结果直接影响运输业务价值得到最大释放，从而在财务上首先影响收入端。结合生产计划执行的成本投入，将进一步影响利润端。而财务计划中的生产成本控制，也限制了生产运营中不合理成本的增长。

项目与财务计划的联动方面，投资和大中修是项目中最核心的两个类型，在投入过程中，将对财务的资产端和成本端构成影响。同时，财务端的投资回报、生产成本控制等也将影响项目的决策。

生产和项目的联动方面，投资、大中修项目的价值和产生都是来源于生产运输业务的实际需要，尤其是围绕生产运输业务开展而必须要进行的设备智慧检测、监测，能够逐步实现状态修，从而精准地产生维修项目。而投资、大中修计划的完善，与此同时也需要在按图运营计划包括的施工计划中预留天窗，保障投资项目的完工，以更好地提升按图运营计划执行效率。

3. 以经营目标为中心的各计划联动

经营目标的关联是一个多维度的概念，经营目标是经营管控计划中各分子计划执行后产生的结果，也是计划之初就根据“四个聚焦”的要求内嵌到计划的。经营目标呈现出具体性、可衡量性、可实现性、与其他目标的相关性及有明确的时间限制等特征。经营管控计划实行关键综合经营指标管理，并通过与其他计划下经营目标的联动，集中生成关键经营指标的现状和预测情况，有利于公司决策者从公司经营管理的角度，对公司的最终经营成果进行综合把握，并且能够利用数据的生成路径，从源头查找和分析经营中存在的问题。

经营管控计划中经营指标分类管理——按照经营管控计划包含的分子计

划种类，设置相应的经营指标体系。对经营指标体系，按照管控程度分为一类指标和二类指标。一类指标是指对公司完成绩效目标产生直接影响的关键考核指标及其他重点管控的指标。这类指标实行强控制，应严格执行并确保完成目标值。一类指标值年度计划和调整计划先由公司审议，经国家能源集团及公司董事会审批后，再下达。二类指标是除一类指标以外的其他指标，二类指标实行分析监测，二类指标值调整先经过公司审议后，报集团对应职能部门审批。表 6-1 为经营管控计划指标表。

表 6-1　经营管控计划指标表（仅包括生产、财务、大中修）

经营管控计划	关键指标
生产	煤炭运量（万吨）
	非煤运量（万吨）
	总运量（万吨）
财务	营业收入（万元）
财务	平均运距（公里）
	平均运价（万元）
	营业成本（万元）
	其中：大中修成本（万元）
	利润总额（万元）
大中修	大中修年完成值（万元）

自上而下经营指标的分解——经营指标按照公司各部门－子分公司－岗位的方式逐级拆解，形成公司本部各部室承担汇总指标，并将指标拆解至子分公司及岗位。在具体的分解过程中，首先在信息系统中将综合指标分解到各部门和子分公司，各部门和子分公司确认指标合理后进一步分解到不同的岗位。

自下而上经营指标的信息提报——经营管控计划中的生产计划、项目计划和财务计划等，都拥有相应的信息支持系统获取相应的经营指标，打通了从系统到数据的整个链路。生产计划板块由神华运输调度系统、生产运营协同调度系统、财务计划系统、国家能源集团全面预算管理系统支撑，其经营指标包括年度、季度、月度铁路运输量及协同指标。项目计划（投资计划、大中修计划、科技专项计划）板块由项目备选库系统、国家能源集团 ERP、SRM、法务和公司计价结算系统、项目全生命周期系统经营管控计划支撑，其经营指标包括基建、非基建投资计划完成率、科技研发投入强度等。财务计划板块由国家能源集团全面预算管理系统、财务计划系统、ERP 系统 FICO 模块、BCS、久其报表系统支撑，其经营指标包括年度净利润、年度铁路单位完全成本、年度 EBITDA 及季度、月度净利润。

压实经营指标的监控和分析——建立了针对不同计划的差异化指标评价体系，并通过经营管控计划管控系统进行跟踪与监测。生产经营评价标准由煤炭运输量、非煤运输量、非煤货物揽货量、铁路自有煤炭运输量等指标构成；经营管控计划管控系统利用获取的生产计划、生产实时状态及系统联动计划纠正值，通过生产经营综合指标检测算法进行状态监控。投资计划评价标准由基建计划指标、技改计划指标、信息化计划指标、前期计划指标、股权计划指标等关键指标构成，经营管控计划管控系统利用获取的投资计划、投资计划完成状态及系统联动计划纠正值，通过投资计划综合指标检测算法进行状态监控。财务计划评价标准由年营业收入指标、利润总额指标、净利润总额指标、EBITDA 指标等关键指标构成，经营管控计划管控系统利用获取的财务预算、财务预算完成状态及系统联动计划纠正值，通过财务预算综合指标检测算法进行状态监控。科技投资计划评价标准由科研任务完成情况、申请发明专利数量、研发投入强度等关键指标构成；经营管控计划管控系统利用获取的科研计划、科研项目完成状态、系统联动计划纠正值，通过科技计划综合指标检测算法进行状态监控。

经营管控计划的业务架构如图 6-2 所示。

二、按图运营计划的主要内容

（一）按图运营计划的内涵和作用

按图运营计划是基于现有设备最大运输能力或运输量需求，综合考虑设备运行、人员保障、物资供应和后勤服务等关键投入要素，协同日常维修、大中修、运输计划、检测（监测）等业务活动实现运输业务价值的最大化。按图运营计划在图上铺排了生产运输的全过程，也实际指导了朔黄铁路公司从承运、装载到交运的“端到端”货物运输全过程。其主要包括运输计划、运行图技术计划、机车机辆运用计划、设备检测（监测）保障计划、施工计划等核心计划，以及需要制度保障业务流程有效运转的人才保障计划、后勤保障计划、成本管控计划等。其中，运输计划涵盖了生产计划中的部分内容。

通过精细化制订按图运营计划，实现了从按图运行到按图运营。实施按图运营，“图”是核心，也就是运输计划图，将计划分批下达，并根据实际情况及时动态调整。而“运营”是从组织、配置、施工、保障、经营等五个方面具体运营。按图运营计划动态调整以更好地适应内外部变化对运量的要求。

按图组织。按图组织意味着基于运输计划来组织运输活动。关键在于合理规划煤炭及非煤炭货物的装载量、上游接入量（指接收来自其他铁路线或矿区的货物量），以及管内装车量（指在本铁路管辖区内的装车数量）。通过精细化的组织，确保各类货物能够高效、有序地流转，满足市场需求的同时，

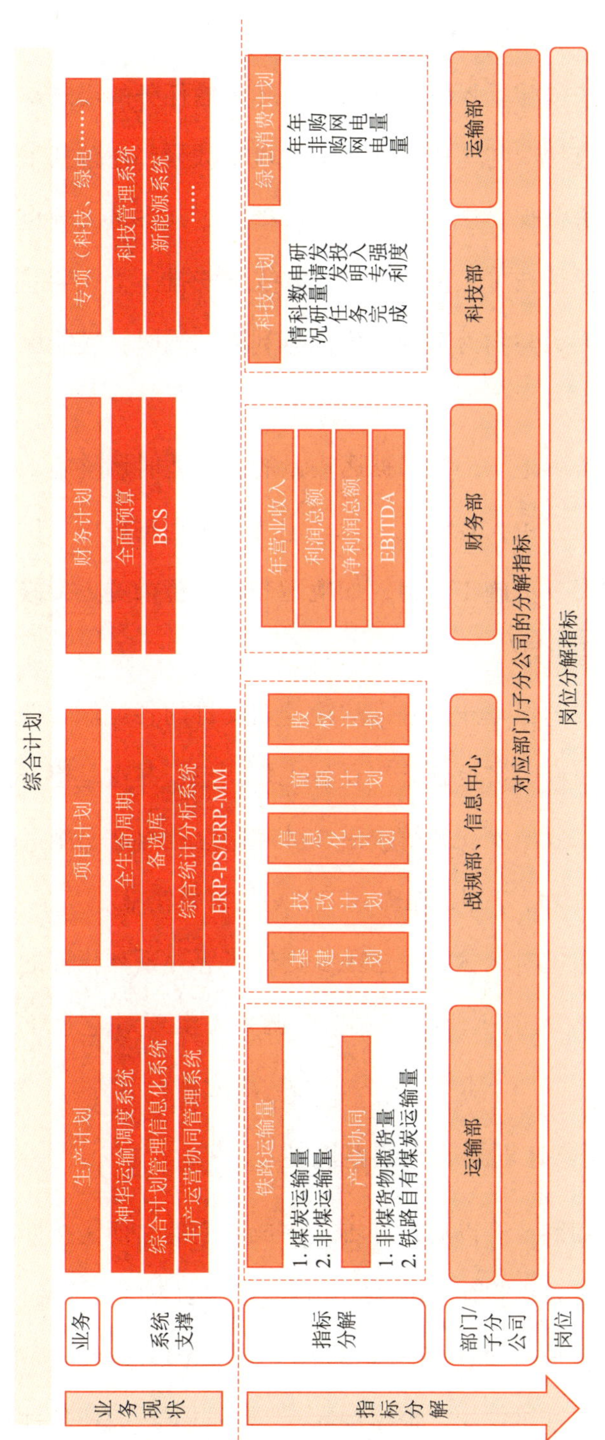

图 6-2　经营管控计划的业务架构

保证铁路运输能力的最大化利用。

按图配置。按图配置强调的是依据实际运输任务的需求来调配资源。这不仅涵盖了确定直接参与运输作业的上线机车数量，还包括了安排非上线状态下的机车车辆维修保养工作。同时，合理规划乘务员人数也必不可少，如确定所需司机及其他技术人员的数量，并妥善安排不上线期间员工的休假与培训计划，确保人力与物力资源得到充分利用的同时，还能保持良好的工作状态和服务质量。

按图施工。按图施工是指根据运输量的变化适时调整施工作业。当运输量较大时，应尽量避免大规模施工活动干扰正常运输秩序。反之，在运输淡季则可适当增加必要的施工项目，如轨道养护、桥梁隧道检修等，以提升整体线路的安全性和可靠性。

按图保障。按图保障涉及根据运输计划安排的各类保障性措施。首先是设备保障，确保所有关键设施处于良好工作状态；其次是检修保障，建立完善的预防性体系，及时发现并解决潜在故障隐患；再次是施工团队及其所需材料工具等方面的保障工作，保障施工计划的有效实施。

按图经营。通过对运输量、运距、周转量等一系列指标的数据分析，管理层可更好地了解当前运营状况并据此调整，实现对企业经营活动的科学指导。

（二）按图运营计划的动态调整机制

按图运营计划制定好以后，并不是一成不变的，而是按照时间周期动态调整，实行年轮廓、月平衡、周调整、日追踪的动态调整机制。

1. 年轮廓实现长周期生产运营规划

以年度为单位进行规划，根据国家能源集团下达的任务计划和经营管控计划，考虑国内经济发展形势、进口煤量价变化、煤炭季节性市场趋势、运输被动与环境变化、运行图能力、设备设施运行状态等因素，设置货物类别、分流区域、技术指标、机车车辆运用结构、施工天窗设置、设备检测（监测）等方面的年度规划。

2. 月平衡实现中期的运输平衡

以月度为单位，根据任务进度和运输计划，考虑集运接入计划、列车编组结构和接发能力、疏运端煤炭经营公司分离计划和接卸能力、机辆配置、天窗开设、外联单位设备检修等因素，对煤炭运输、非煤运输、列车开行结构、列车和机车技术指标、全线用机和检修台数、主要站点机车车辆保有量、施工任务量、设备检测监测等方面计划进行细化。

3. 周调整实现突发情况应对

每周末根据运输市场形势、煤炭经营公司分流计划、天气环境、装卸能力、货源组织布局、港口场存、电厂日耗、外联单位设备检修等因素，在月度计划不发生大变化的前提下，进行指向调整和专项调整。专项调整主要针对重大活动或重大不可抗力等干扰因素。指向调整则依据机车车辆调整计划、施工调整计划等进行。周调整阶段是施工计划和运输计划相互修正的重要窗口，对于在持续运营过程中发现的影响运输安全且需施工完善的项目，在周调整阶段优化天窗设置，保障关键施工任务的开展。

4. 日追踪实现逐日精益运输管理

根据上一日运输任务完成情况和技术指标状态，结合次日运输需求，编制运输计划、机车车辆工作计划、调度机车使用计划、施工计划、设备检测监测计划等。以日计划为抓手，实现公司与中心站按图运营计划的上下贯通，杜绝了临时计划随意增加的现象。

5. 各周期按图运营计划的协同

年轮廓为月平衡、周调整和日追踪提供了整体方向与战略目标，月平衡进一步细化这些目标，确保任务和资源在一个月内平稳完成。周调整对月平衡进行微调，以应对实际运作中出现的突发问题，而日追踪则实时反馈上一日的完成情况，为未来几天的任务和资源配置提供依据。每个层级都为下一个层级提供了调整的依据和方向。

各周期计划的执行依赖于准确的数据和信息反馈。年轮廓设定的计划通过月度、周度的细化，在具体执行中形成可操作的任务。任何环节的延迟或变化都会影响下一个环节。信息在各层级间的流动与沟通保证了计划的及时调整，确保生产运营的顺利进行。

（三）按图运营计划内各计划之间的联动机制

1. 运输计划作为牵引

按图运营计划制订的第一步是明确需求，并按照运输需求制订运输计划。精益生产管理强调拉动式生产，以客户需求为拉动，按照客户的需求进行生产，避免过度生产，从而减少库存成本。精细化按图运营计划中的运输计划，需要将运输量、运输频次、运输路线、运输时间、运输方式、载具选择、送达的目的地等内容纳入其中进行综合制订，形成精细化的生产运输计划。

在国家能源集团煤电运化一体的情况下，朔黄铁路公司煤炭运输需求具有较高的可预测性。但随着运输品类逐渐丰富，需求预测的复杂性提升，生产运输计划的制订将更加复杂，不仅需要考虑国家能源集团下达的运输计划、考核指标和季节天气，而且需要将市场环境、外联单位生产运营和设备检修情况都纳入其中考虑。

2. 运输计划与天窗施工计划的联动

运输计划和施工计划的精细铺排是按图运营计划有效运转的核心。运输计划通常会根据运输需求、设备利用率及运输通道的负载情况，来预测可以为施工计划提供的天窗时间。在高负荷运输期间，运输资源紧张，应尽量少设置或不设置天窗，以充分发挥设备价值，提升运输服务效益。然而，考虑到大中修等特有的周期性特征，仍需在特定时间内设置天窗。因此，天窗的设置一方面为保障设备有效运转的必要施工提供时间窗口，以在未来更好地支撑运输计划；另一方面，以施工计划为基础设置的天窗也成为连接运输计划和施工计划的关键点。

天窗一旦确定，施工计划将根据运输任务的优先级和施工任务的范围，进一步精准制订。在施工计划实施过程中，协同推进施工人员、施工设备、施工物料等的精确调配和按时保障。同时，精准的天窗施工计划也要根据天气、设备故障、突发任务等影响因素进行动态反馈，及时调整施工工段和施工内容，确保施工计划不偏离预定目标。

3. 运输计划与其他计划的联动

为实现运输计划，需同步配置机辆、检测、乘务员、运行图等计划，且必须同步保障到位。

朔黄铁路公司各部室根据分解的年度运输计划，统筹调整资源，分别制订和调整大中修计划、机车机辆运用计划、运行图技术计划、设备检测（监测）保障计划、后勤保障计划、成本控制计划等，并经公司相关委员会审批后发布。

在子分公司层面，原平分公司、肃宁分公司、黄大公司制订运输、施工、维修、效率指标、列车开行结构、自有车辆运用等保障方案；机辆分公司制订机车（调车机）运用和检修、综合检测机车运用检修、机车乘务员保障等方案；数智分公司制订管内站线检测、钢轨打磨、超算中心数据运算等保障方案；物流分公司制订货源组织、货场装卸等保障方案；服务分公司制订后勤保障方案。

与此同时，一方面所有相关人员和职能部门可以实时、清晰地通过按图运营计划了解总体生产运营状况，基于透明的信息来组织和指导自身工作。这种透明性对于提升效率、降低误差及避免信息壁垒至关重要。另一方面，管理层通过按图运营计划及时掌握运营状态，发现潜在问题，并通过数据反馈快速调整，优化资源配置与生产计划，确保生产运营目标的实现。在上下贯通方面，按图运营计划通过详细的任务分配和数据跟踪，确保基层单位和基层站点能够实时获取最新任务要求，并根据任务调整自身的工作内容。

三、经营管控计划和按图运营计划的联动应用

1.“两横”计划协同联动关系

经营管控计划是按图运营计划调整的重要依据之一。经营管控计划反映了企业的综合经营情况，包含财务、大中修、投资等多方面内容，可以为按图运营计划的调整提供全局性指导。通过分析经营管控计划的收入目标等指标，按图运营计划可以根据实际情况灵活调整具体计划，以确保生产与企业整体目标同步。按图运营计划动态调整机制需要结合经营管控计划月度、季度、年度的周期性更新。当市场环境、需求量或资源配置在月度、年度等一定周期内发生变化时，按图运营计划的年计划、月平衡需与经营管控计划的年度、月度计划相匹配，进行合理调整和优化，以确保朔黄铁路公司资源的高效配置及生产运输的连续性与灵活性。

按图运营计划是经营管控计划的重要支撑。按图运营计划是经营管控计划的重要支撑部分。按图运营计划涉及煤炭运输量、非煤炭运输量和运输总量，既是制订生产运输计划的重要参考，也构成了经营管控计划的生产类经营指标。同时，月度、年度按图运营计划与其他计划共同组成了月度和年度经营管控计划。

精细到天窗的施工计划作为两个计划的重要连接点。实施经营管控计划与施工计划的一体化考虑，主要原因在于：经营管控计划中的投资计划包括固定资产投资计划、信息化投资计划和专项计划中的大中修计划大多涉及工程类项目，且工程类项目在投资和专项计划中的额度占比最高。线上作业的工程类项目实施必须取得天窗，因此在经营管控计划的制订中就需要与精准到天窗的施工计划协同，以实现各类投资、大中修项目的有效落地。而精准到天窗的施工计划，也将对按图运营计划中生产运输的执行产生重要影响。因此，天窗资源的有效协调，是两个计划能实现联动的关键因素。

2.“两横”计划驱动业务流程重塑

聚焦经营管控计划和按图运营计划两个生产运营和管理的主线计划，通过中心站、子分公司、公司机关业务部室，针对“两横一纵”过程断点、环节缺失、流程冗余、职责模糊、信息错位等过程进行优化整改，形成“1+*N*+*X*”三层业务逻辑图。

“1”指“两横一纵”业务协同逻辑全景图，是基于公司整体业务布局，按照“两横一纵、多业务协同”的架构，对公司所有的业务流程进行全貌呈现，是公司业务流程的顶层设计蓝图，直观反映了公司业务流程全貌以及各部分之间的协同机制。

“*N*”指二级业务协同流程图，是二级公司本部和各职能部门根据任务类别分别梳理出来的具体业务流程。这些流程是对业务协同逻辑全景图的进一步细化和分解，聚焦于二级公司层面的实际业务操作。例如，运输及相关部门根据按图运营计划制订具体的运输生产排程流程，包括需求预测、车辆调度、天窗资源安排、人财物保障等环节；财务部门围绕经营管控计划制订资金预算流程，涉及成本核算、资金分配、财务报表编制等步骤。每个二级业务协同流程都紧密围绕一级业务协同逻辑全景图的要求，同时结合二级公司的职能特点和业务范围，明确了二级公司本部及各部门在具体任务中的职责分工和协作方式，确保各项业务任务能够高效、有序地推进。

“*X*”指三级系统逻辑图，是二级业务流程的下钻，深入到具体的业务系统和操作层面，详细描绘了业务流程在信息系统中最末端的实现逻辑和数据流转路径。明确了各个二级业务协同流程向下落到中心站等最基层单元的路径，是聚焦核心业务场景的操作层细化。

第四节　一纵控制：“448”精益管理体系

“一纵”即“448”精益管理体系，也是组织进行系统化变革的集中体现，指的是四个聚焦、四个清单和八个环节的闭环管理。“448”精益管理体系的根本目标是通过聚焦四个方面重点工作，制订四个任务清单，运用“任务、组织、责任、计划、标准、保障、控制、考核评价”八个环节管理思想，确保企业核心任务顺利完成。第一个“4”即“四个聚焦”，体现的是围绕增强核心功能，聚焦公司最重要、最关键、最基础的核心工作，明确重点关键，以重点带动全局，做到干有抓手。企业在经营管控计划和按图运营计划制订中也需要满足四个聚焦的要求。第二个“4”即“四个清单”，体现的是清单化管理，用于记录从计划分解来的任务事项，明确任务要求、落实任务分工，防止任务的重复和遗漏，确保任务落实重点突出、有的放矢。第三个“8”即“八个环节”，体现的是目标管理体系，用于抓落地执行，推进各项任务高效落实，实现全流程的闭环管理。“八个环节”是朔黄铁路公司以战略目标为导向，构建起“任务—组织—责任—计划、标准、保障—控制—考核评价”闭环管理。

一、“四个聚焦”的主要内容

“四个聚焦”即聚焦全面从严治党；聚焦上级考核评价；聚焦重要紧要事项落实；聚焦创建世界一流专业领军示范企业。当前，我国进入新发展阶段，国有企业尤其是中央企业在建设社会主义现代化国家进程中要承担新的使命和任务。作为国家能源集团的重要子公司，朔黄铁路公司必须立足“两个大局”，聚焦服务“国之大者”，深入落实国家重大战略，牢牢把握深化国资国企改革的原则要求，更好履行国有企业战略使命，将企业管理的关键环节和重点领域集中体现在国家 / 区域重大战略、上级考核评价、重要紧要事项、世界一流专业领军示范企业等方面。紧紧抓住“四个聚焦”，在两个计划的基础上进一步抓住朔黄铁路公司实现高质量发展的关键领域和重点环节，就不会发生颠覆性的错误和重大失误。

1. 聚焦全面从严治党

聚焦全面从严治党是朔黄铁路公司首要的政治任务和责任担当，也是增强核心功能、提高核心竞争力的根本政治保证。坚持全面从严治党是新时代坚持和发展中国特色社会主义的一个基本方略。坚持党的领导、加强党的建设是国有企业的“根”和“魂”，是我国国有企业的光荣传统和独特优势。朔黄铁路公司以习近平新时代中国特色社会主义思想为指导，坚定不移推动全面从严治党向纵深发展。只有聚焦全面从严治党，才能准确把握“新时代最大的政治”，才能准确把握新时代国有企业党建工作总要求，才能深入理解朔黄铁路公司应该干什么、如何更好地为国家发展大局服务，才能在大是大非面前始终保持头脑清醒，坚定正确的政治方向，确保不偏离航向。

2. 聚焦上级考核评价

聚焦上级考核评价是贯彻落实国资委、国家能源集团对朔黄铁路公司发展要求的具体体现，有助于实现朔黄铁路公司的发展与国家能源集团总体战略部署的统一，也是通过考核评价指标的高效完成，将全体员工的利益与公司、集团有机统一起来。作为国资央企，朔黄铁路公司既要承担经济责任，也要承担政治责任和社会责任，必须紧紧围绕“推动国有资本和国有企业做强做优做大”这一总目标，立足增强核心功能、提高核心竞争力两大途径，更好地发挥科技创新、产业控制、安全支撑作用。作为国家能源集团的子企业，朔黄铁路公司的根本和关键点是服务和支撑集团一体化产业链完整、安全、高效运行。国家能源集团下达的考核目标任务，除“一利五率”经营指标体系外，还涉及安全环保、运输生产、经营管理、创建世界一流企业等多个方面，涵盖公司生产经营、改革发展的各个领域。这些考核指标代表着国家对国家能源集团、国家能源集团对子分公司的工作要求和期望。朔黄铁路公司聚焦这些指标就能抓住集团、国家和新时代最关注的重点工作，更好地发挥考核指挥棒的作用，有助于公司更加明确具体地开展好各项重点工作。

3. 聚焦重要紧要事项

聚焦重要紧要事项是围绕公司当时当下最需要集中力量攻坚解决的急难险重问题和重大事项，确保公司发展步伐稳健、机遇把控精准、解决重大问题迅速。一方面，朔黄铁路公司以重要紧要事项为抓手，明确工作要点和任务清单，在内部管控重点单位、抓实重点任务和重要工作、调度重点工程、关注重要市场、盯住紧要事项，统筹推进公司的各项重点工作。另一方面，朔黄铁路公司持续聚焦重要紧要事项集体决策事项，明确项目目标、合理分配资源、定期跟踪进度、确保沟通流畅、适时调整策略。

4. 聚焦创建世界一流专业领军示范企业

聚焦创建世界一流专业领军示范企业是朔黄铁路公司在关键技术、品牌影响、模式创新、管理创新等方面发挥引领作用的必然要求。朔黄铁路公司是入选国务院国资委确定的创建世界一流专业领军示范企业名单中唯一一家铁路企业，这既是对朔黄铁路公司过往工作的极大肯定和鼓励，也是公司需要承担的重大责任使命，是全体朔黄人共同的奋斗目标。聚焦“创建高质量党建引领下的世界一流专业领军示范企业”这一战略目标，就是将朔黄铁路公司的核心技术、关键资源、人才等都锚定在实现高质量发展和新质生产力培育上，坚持正确的政治方向和目标导向，保证各要素的投入不偏离主线。

二、“四个清单”的主要内容

“四个清单”是在“四个聚焦”的基础上，形成“党建、安全、业务、风险”四个任务清单，实现对企业各管理要素的有效分类和归集，避免任务事项的重复和遗漏。清单是实施精益管理的有效工具，清单化管理本质上是在明确任务事项和各层级组织权责的基础上，各部门、各单位做了哪些工作、正在做什么、什么还没做、何时完成，所有工作进展一目了然，实现建单定责、依单落实、按单督导、据单考评的全周期闭环管理。清单任务的设计需要对每一项工作进行细化，不漏掉任何一个环节的细节问题，确保其唯一性和自上而下的贯通性，以实现任务的有效执行和管理的连贯性。同时，在清单的形成过程中，要对来自不同源头的任务清单合并同类项，同时利用AI工具、人工复核等方式，保证清单的不错项、不漏项、不重项，对清单任务进行实时动态调整，真正实现“承接更快、分派更准、落地更实、考核更精”。

1. 党建清单

党建清单即根据党章、党规及上级党组织部署要求，围绕全面从严治党梳理形成的涉及党的建设方面的任务事项清单。党建清单的制订，必须全面贯彻习近平总书记关于党的建设的重要思想，深刻把握继续推进新时代党的建设新的伟大工程的要求，综合考虑党中央对国有企业党的建设的新要求、国家能源集团党组对子分公司党建工作的部署要求、朔黄铁路公司党委部署安排党建工作中的重要紧要事项、构建“12713”党建工作体系和创建世界一流专业领军示范企业的目标如何在党建方面落实落地。通过党建清单持续提升党建工作规范化、精细化、体系化水平，以高质量党建引领保障高质量发展开创新局面。

党建清单由党建工作部牵头编制和推进管控，具体负责相关工作任务的起草生成、分配管理、预警督办、运行分析和清单合规性审批等。公司级的党建清单以国家能源集团对公司党建工作责任制考核为主线，围绕相关文件中要求的落实内容，坚持党建工作和经营业务目标同向、部署同步、工作同力，按照清单总集和子集的概念，建立以党建清单为总集，以党的政治建设、党建基层基础、党的干部人才、党的宣传思想、全面从严治党、统一战线和群团6个方面为内容的子集，按照任务来源、考核层级（集团、公司）、落实层级（党委、总支、支部）、责任部门等进行梳理，同时明确任务开始时间、结束时间、更新周期，形成党建清单。党建清单的具体内容涵盖国家能源集团年初工作会领导讲话精神、党的建设工作会精神、党的建设工作要点、朔黄铁路公司“五会”领导讲话及报告等涉及党建领域的工作，同时结合党建阶段性重点工作进行动态更新。各部门、子分公司根据公司级的党建清单，并结合自身的管理职责，具体制定各部门、子分公司的党建清单。例如，在“1533”高地神池南站，围绕“1533”特色党建品牌创建，共梳理党建清单 12 个方面 71 项。

总体而言，朔黄铁路公司构建形成上下贯通、层层压紧、环环相扣的党建清单，明确重点任务、责任人、完成期限、完成情况，从末端倒逼责任落实，形成一级抓一级、层层抓落实的党建工作新格局，确保党委领导作用、党支部（或党总支）战斗堡垒作用和党员先锋模范作用得以持续发挥。通过将党建清单纳入精益管理系统，对党建工作的业务量化、数据集成，构建对党建工作管理的智能感知、预警、决策模型，实现党的建设管控风险自动识别及分析、重点任务落实情况在线考核，推动各项工作任务高质量、高标准完成，让党建工作管理更科学、更精准、更主动、更轻松。

2. 安全清单

安全清单根据国家安全生产、环境保护法律法规及公司安全环保管理制度、安全生产责任制检查监督、隐患排查以及应急管理措施等梳理形成的涉及安全生产、环境保护方面的任务事项清单。安全清单的制订，必须深入学习贯彻习近平总书记关于安全生产的重要指示批示精神，全面贯彻落实相关法律法规等要求，坚持“安全第一、预防为主、综合治理”的安全生产方针，综合考虑党中央、国务院对深化国有企业改革“发挥安全支撑作用”的新要求、国家能源集团党组对子分公司安全生产工作的部署要求、朔黄铁路公司党委部署安排安全生产工作中的重要紧要事项、构建“12571”大安全管理体系和创建世界一流专业领军示范企业的目标如何在安全生产方面落实落地。通过安全清单持续提升安全生产法治化、规范化、标准化水平，以高水平安全保障高质量发展。

安全清单由安全环保监察部牵头编制和推进管控，具体负责相关工作任务的起草生成、分配管理、预警督办、运行分析和清单合规性审批等。公司级的安全清单以国家能源集团对公司安全生产责任制考核为主线，突出安全生产“现场、现实、现在”管理，围绕公司安全生产相关文件中要求的落实内容将安全生产要求落实到每个业务环节，完善全员安全生产责任制及履责考核机制。安全清单包括各个方面的安全职责和任务，如安全生产责任制度、设备设施管理、调车作业、消防安全、用电管理、事故隐患治理、安全培训和教育、职业健康及劳动防护、事故处理与报告、监督检查机制等。同时，还根据不同岗位的特点，为各部门、各单位、各岗位制订专门的安全责任清单，确保各自都能够明确自己的安全职责。安全清单的具体内容涵盖国家能源集团年初工作会领导讲话精神、安全生产工作推进会精神、安全生产工作要点、朔黄铁路公司“五会”领导讲话及报告等涉及安全生产的工作，同时结合安全生产阶段性重点工作进行动态更新。通过将安全清单纳入精益管理系统，对安全生产工作的业务量化、数据集成，实现安全管理化繁为简，构建对安全生产管理的智能感知、预警、决策模型，实现安全生产工作管控风险自动识别及分析、重点任务落实情况在线考核，推动安全生产各项工作任务高质量、高标准完成，形成各司其职、各负其责、齐抓共管的安全生产工作格局。

3. 业务清单

业务清单明确了具体执行的业务活动，是实现企业价值创造和效益增长的有效抓手。业务清单是各部门、各单位根据职责分工，梳理形成的业务事项清单。这些活动可能包括各种装车、卸车及空车、重车运输等业务流程、项目、订单处理、客户服务请求等。业务清单的目的是确保所有重要的业务活动都被记录和管理，以便于公司能够有效地规划、执行和监控其运营活动。业务清单的制订，必须深入学习贯彻习近平总书记关于高质量发展的重要论述，综合考虑党中央、国务院对深化国有企业改革的新要求、国家能源集团党组对子分公司业务工作的部署要求、朔黄铁路公司党委部署安排业务工作中的重要紧要事项和创建世界一流专业领军示范企业的目标如何在业务工作方面落实落地。通过业务清单持续优化和改进业务流程，提高生产效率和管理效益，推动业务高质量运行。

业务清单由企业管理与法律事务部牵头编制和推进管控，具体负责相关工作任务的起草生成、分配管理、预警督办和运行分析等，并负责清单合规性审批。业务清单以中央企业“一利五率”经营指标体系为主线，结合国家能源集团对公司经营业绩考核的要求，围绕其他相关绩效考核管理文件中要求的落实内容，将业务工作具体化、明确化。业务清单的具体内容涵盖国家能源集团年初工作会领导讲话精神、重点工作任务推进会精神、业务专项工作会议要点、朔黄铁路公司“五会”领导讲话及报告等涉及业务任务的工作，同时结合业务阶段性重点工作进行动态更新。

总体而言，朔黄铁路公司坚持把业务清单作为年度工作的总抓手，构建形成战略导向、通力协作、业绩牵引的业务清单，让业务工作的目标、职责、时间、分工、流程等在一张清单中得以明确，确保业务工作提质增效。通过将业务清单纳入精益管理系统，对业务工作形成可量化、能落地和可操作的数据集成，实现业务管理化繁为简，构建对业务管理的智能感知、预警、决策模型，实现业务管理工作管控风险自动识别及分析、重点任务落实情况在线考核，推动业务管理各项工作任务高质量、高标准完成，形成统筹联动、各负其责、整体“一盘棋”的业务工作格局。

4. 风险清单

风险清单是公司实现有效风险管理的关键组成部分，为企业牢牢把住不发生系统性经营风险的底线提供了工作遵循。风险清单识别公司各类风险，包括各业务内控风险、安全生产环保风险及党风廉政风险等，形成的任务事项清单。这些风险可能包括在费用、车辆、采购、合同、物资、财税、人员、技术、法律、合规、战略、运营、环境等重点领域和关键环节。风险清单的主要目的是帮助公司识别潜在的风险，评估这些风险的严重程度，并为后续的风险管理提供基础。风险清单的制订，必须深入学习领会习近平总书记关于防范化解重大风险的重要论述，综合考虑党中央、国务院和国务院国资委对国有企业风险管控的新要求、国家能源集团党组对子分公司内控风险管理的部署要求、朔黄铁路公司党委部署安排业务工作中的重要紧要事项和创建世界一流专业领军示范企业的目标如何在风险管理工作方面落实落地。通过风险清单持续优化，进一步提升了全员风险防控意识，保障各项工作行稳致远。

风险清单按照风险类型由不同部门牵头编制和推进管控。例如企业内控风险类由审计部负责，安全生产环保风险类由安全环保监察部负责，党风廉政类风险由纪委办公室负责。风险清单是结合国家能源集团对风险管理考核的要求，从体系建设、风控程序、管理技术、风险排查、风险文化等方面将风险管理工作具体化、常态化，确保风险管理活动的系统性和完整性。风险清单的具体内容涵盖国家能源集团年初工作会领导讲话精神、内控风险管理工作要点、朔黄铁路公司“五会”领导讲话及报告等涉及风险任务的工作，同时结合风险管理阶段性重点工作进行动态更新。

总体而言，朔黄铁路公司坚持把风险清单作为强化企业风险防控能力的关键举措，构建形成全面覆盖、分级管控的风险清单，以表单形式进行风险识别、风险分析、风险应对、风险报告和沟通，确保风险管理工作有章可循。通过将风险清单纳入精益管理系统，对风险工作形成可量化、早识别、强预警的数据集成，构建对风险管理的智能感知、预警、决策模型，实现风险工作管控自动识别及分析、重点任务落实情况在线考核，推动风险管理各项工作任务高质量、高标准完成，形成上下齐抓、全员防控的风险管理工作格局。

三、“八个环节”的主要内容

（一）八个环节构成任务执行的全生命周期

从任务执行的全生命周期进行系统统筹、高效落实，构建从任务下达到考核评价的全过程，而这一过程也是解决“干什么”“谁来干”“谁负责”“什么时间干成”“怎么干和干到什么程度”“谁帮我干”“怎么干好”“干好干坏如何不一个样”等问题的全环节。

（二）八个环节的具体内容

1. 任务环节

任务环节是精益管理体系的核心，主要解决“干什么”的问题。通过推行“清单制”工作方法，建立党建、安全、业务和风险“四个清单”，实施“清单管理台账销号”管理机制，从而使各项工作看得见、摸得着、抓得住、落得实。为了能够更好地突出任务体系的清晰合理及时，在任务体系构建中，主要采取了以下三个措施。

第一，及时动态更新。结合工作任务的发展和变化及在推动过程中产生的新问题新情况，动态管控、更新任务清单，不断对相关任务进行再优化、再整合，保证任务清单的及时性、有效性。

第二，突出工作重点。要根据整体的经营管控计划和按图运营计划，结合自身季节性、阶段性工作，按照“ABCD”轻重缓急4个层级，分别明确业务、安全、党建、风险等四个方面的工作重点。

第三，发挥两级机关管理效用。两级机关在任务布置中，发挥“管”的作用的同时，结合自身管理实际，梳理同类型、重复性或可以合并实施的任务，从而保证任务清单的精干、高效，体现出“理”的效能。

2. 组织环节

组织是提高工作质效、优化资源利用、增强团队活力、促进工作完成的重要保证。通过建立与任务相匹配的组织管理架构，解决“谁来干”的问题。同时，可以分析各项任务分解量与各个单位的对应情况，进一步决定组织架构调整方式。例如，有些单位是空白任务，却配备了不少人；有些单位任务繁多，结果人力不足，从而倒逼人力资源组织架构改革。经过量化分析，组织架构的设置是否科学也可以通过业务和组织对应的数量关系一目了然。

3. 责任环节

精准压实责任是推动工作落实的支撑。工作任务责任在组织体系下分解到具体的部室、岗位、个人，解决“谁负责”的问题。通过健全完善责任机制，明确责任、完善机制、强化问责，推动责任与管理链条环环相扣、层层压实，无缝衔接、相互作用、相互联系。抓住关键少数和关键岗位，实现责任的有效落地。

4. 计划环节

计划环节是发挥精益管理体系作用的关键，解决“什么时间干成”的问题。围绕明确到组织、岗位、个人的工作任务制订具体的实施计划，将各单位、各环节的工作相互衔接，保证他们既围绕整体目标，又各司其职、相互协调。当前，朔黄铁路公司已经建立起以经营管控计划和按图运营计划两个计划为主线的计划体系，串联起各项工作，形成公司整体工作抓落实的时间表、路线图、任务书，确保各项工作任务按计划推进实施。

5. 标准环节

标准是衡量工作完成好坏或指导工作有序实施的准则，解决“怎么干和干到什么程度”的问题。通过构建标准体系，建立和实施一套由朔黄铁路公司使用、持续有效和协调统一的标准体系，明确每项业务的目标任务、工作标准，从而切实提高工作质量和工作效率。

6. 保障环节

围绕中心任务，统筹调度可用的优势资源，助推任务顺利完成，解决“谁帮我干”的问题。朔黄铁路公司健全完善了安全保障、风险管理、法律合规、人力资源等方面的制度和机制，细化相关保障措施，为公司各环节工作提供强有力的保障支撑，有力地保障了各项任务的及时高效落地。

7. 控制环节

通过对全套体系流程实施过程控制，实现即时的监督和纠偏，解决“怎么干好”的问题。当前，朔黄铁路公司建立了大安全和大监督体系，对所有过程、进度进行卡控，对各环节执行情况进行动态评估和分析，做到及时发现问题和风险，及时调整工作计划，及时推动改进和优化，确保实现工作目标。

8. 考核评价环节

切实发挥考核指挥棒的作用，解决“干好干坏如何不一个样”的问题。

对应任务、责任、计划等方面，明确考核目标、选择考核指标、制订考核标准、确定考核方法、强化考核结果评价应用，确保考核科学性、针对性和操作性，充分发挥考核正向激励和正向引导作用，为公司决策提供科学依据。

在具体推进过程中，朔黄铁路公司的考核评价突出了三个方面：第一，突出国家能源集团考核对完善公司管理的牵引作用。对标国家能源集团考核指标，把握政策导向，强化对一体化高效运营、科技创新等方面的考核力度和精准度。通过公司考核指引，进一步凝聚各单位聚焦国家能源集团考核的自觉意识，并主动采取实际行动。第二，突出朔黄铁路公司考核对践行发展战略的支撑保障。围绕践行公司发展战略，研究设置了一套针对性、可量化的考核指标和激励措施，推动重难点任务加速落地。对发展过程中出现的新情况新问题，动态设置考核指标，靶向整治相关问题。第三，突出“一企一策”考核机制。进一步丰富完善“一企一策”“一业一策”考核指标，更加精准地评价各单位实际工作质效，推动形成争先进位的良好局面。

第五节　多业务协同：数智化管理全要素

在现代企业管理的运行中，任何业务都不是完全独立的，都需要不同部门、不同单位之间的高度协同才能完成好，这就需要打通业务“堵点”“断点”，强化业务一体化协同管控效果。朔黄铁路公司以“两横一纵”业务重塑为基础，派生产生“动静变”、生产与计划、生产与组织、业务与风控、业务与经营五个维度的动态优化和风险控制的协同网络，构造多元融合数智精益管理生态。通过建立任务事项一键派发、重点关键任务管控可视化、任务流程状态实时监控、任务事项集中管理等系统功能，实现对四个清单中各项任务事项的一屏掌控、多屏展示、关键数据一键穿透、重点风险及时预警等，推动企业以数据集成方式实现日常经营管理的横向到边协同，纵向到底管控。在此基础上，通过不断沉淀数据，促使业务、管理经验实现螺旋式提升。针对公司各级组织和人员执行任务的情况进行绩效画像，推进全员参与管理，深入挖掘组织、个人执行效率，打造综合管理生态，为优化组织结构，适应科学化、现代化的管理提供依据，从而大幅提升管理效益，支撑企业培育新质生产力，实现高质量发展。

一、多业务协同的主要内容

业务协同——分别从时间、流程、指标及动态优化四个维度梳理出多业务协同的触发点，在此基础上运用协同模型运算，构建“两横一纵”全业务、全链路的融合协同运行机制。

管理要素协同——在多业务协同联动的基础上，以公司生产运营指标最优化、价值创造最大化为目标，利用动静变协同模型、量本利协同模型等专项分析工具，形成按图运营计划和战略管控计划中人财物的最优配比，再反馈至业务协同体系中，实现动态优化后的高效兑现。

风险控制协同——依据公司大安全体系和大监督体系派生风险控制清单，形成面向按图运营、战略管控全过程的安全环保风险、合规风险和党风廉政风险协同管控，实现公司“政治安全和生产安全”的精准落实。

决策协同——汇聚业务协同、管理要素协同、风控协同产生的各项数据指标，自动生成企业诊断分析报告，形成决策支撑服务。“业务协同、风控协同、管理要素协同、决策协同”生成的各任务事项均以清单的形式，分门别类对接到精益管理系统中的“党建、安全、业务、风险”四个清单，通过精益系统的高效管控，实现决策事项的全部落地实施，最终塑造形成一个完整的从“生产设备设施运行状态分析诊断—计划目标生成与下达（两个计划系统）—各业务条线的协同运作—各管理要素的动态调整优化—任务派生—精益化管控—状态诊断闭环”的企业数智化运营管理生态，打造独具朔黄特色的“战略统领、数据驱动、数智赋能、多业务协同提效”工作格局，形成朔黄铁路公司作为世界一流专业领军示范企业的管理核心竞争力。

二、多业务协同的管理特征

协同不只是企业经营的哲学，更是重要的管理抓手。协同包含两个相互联系的内涵：一是协同效应，即因为协同作用而获得好的结果；二是通过资源和能力的整合，识别和实现协同效应获得竞争优势的动态过程。协同论由德国理论物理学家赫尔曼·哈肯于20世纪60年代初创立，并在1971年首次使用“协同学”这一名称。协同论主要研究远离平衡态的开放系统在与外界有物质或能量交换的情况下，如何通过内部协同作用，自发地出现时间、空间和功能上的有序结构。协同论认为，尽管系统的属性不同，但在整个环境中，各个系统间存在着相互影响而又相互合作的关系。协同论提供了一种强大的理论框架，用于探索和理解各种系统中的有序结构和动态变化。

对于朔黄铁路公司的“多业务协同”而言，体现了以开放为基础、以数据集成为驱动，强化不同部门或团队之间的合作协同，用“数据一体化”“业务一体化”推动“管控一体化”，以共同达成组织的目标而开展的各类业务协作，实现日常经营管理的横向到边协同，纵向到底管控。这种协同可以提高工作效率、降低重复劳动、优化工作流程、提升组织竞争力，实现资源的最优配置和效能的最大化。多业务协同的管理特征可以概括为“全面开放、专业管控、中台共享、数据融通、一体协同、智慧赋能”，具体如下。

全面开放——多业务协同以开放理念为基础，进一步解放思想，积极推动资源、业务、数据开放，不同业务之间通过信息共享、资源整合和协同工作，实现多系统间的协同与集成，改善业务运营生态，实现整体价值的最大化。这种开放不仅限于公司内部，还包括与外部合作伙伴、供应商、客户等的合作，旨在通过跨组织、跨领域的协作，提升效率、创新能力和市场竞争力。

专业管控——多业务协同通过智能化管理，抓住“任务、组织、责任、计划、标准、保障、控制、考核评价”等各个必要的环节和要素，从头到尾梳理和控制住了整个管理过程的主线逻辑，实现了管理过程中的目标、资源、方法科学匹配。

中台共享——多业务协同的关键是通过构建中台共享平台，包括业务中台和数据中台，有效地整合企业各类资源，旨在利用大数据、AI等技术优势，整合系统功能，实现业务应用的完整覆盖及不断扩展，并依据规则的定义，关联匹配的严谨设计，将需要人为校验的模式通过数智化精益管理平台完成智能化、数字化校验，通过不断地应用扩展达到应用价值的多样提升。在集成业务应用的同时，建立数据仓库与数据分析平台，将业务处理过程中产生的业务数据、行为数据进行收集、提炼，沉淀有价值的数据要素来服务决策。

数据融通——多业务协同的重点是通过数据融通，构建贯穿管理、运营、检维修等各个领域标准统一、技术统一、逻辑统一的大数据体系，实现了数据资源的价值闭环管理，打造跨层级、跨部门、跨业务系统生态。首先，对各管控环节的关键内容进行数据化转换，形成涵盖不同管理层级任务概况、预警数量及考核评价等内容的数据库，充分激发海量数据的要素潜能。在此基础上，突破层级和部门藩篱，强化各层级单位和各业务部门间的数据关联、采集、分析、算法及应用，打造形成朔黄特色的精益管理生态系统，确保任务流转和管理决策基于大数据洞察开展，实现精益管理科学化和精准化。

一体协同——多业务协同的核心在于通过一体化协同效应，使各类业务协作能够产生比单独运作更大的效益。这种协同效应体现在数智化精益管理平台的数据集成和协同运营，形成完整的内部业务管理体系和统一的全员联动协作模式。通过流程驱动业务全过程打通，实现多系统之间信息的互联互通，统一流程处理，消除信息孤岛，使信息数据充分共享，优化企业业务流程，极大降低了沟通成本，有效提升了协作共享效率。

智慧赋能——多业务协同通过大数据、AI 等新技术手段，推动 AI 技术全场景应用，强化智能技术在清单管理、数据治理和人机交互等场景的全面应用，加快业务数字化、数字业务化，发挥数据的基础资源作用和创新引擎作用，推动精益管理智能化发展。同时依托各功能模块之间的连通，加强底层数据治理和数据建模，通过优化大数据算法逻辑，展开数据链的 AI 自主运营分析，切实提升系统平台的智能化水平。关联并打通各个业务应用，跨系统业务集成，打通各系统壁垒，通过信息化系统让业务流程上下游协同起来。开发智能交互模块，构建开放式的智能化自编辑组件模型，包括图表、文本、媒体、地图等组件，支持各单位立足本专业本领域打造数据可视化页面。

第七章 安全监督 筑牢底线：夯实“安全支撑”新动能

安全是发展的前提，朔黄铁路公司以“动”“静”“变”动态平衡逻辑贯通“生产安全”治理全周期，用系统观念织密“政治安全”立体防护网。生产安全层面，朔黄铁路公司立足“人民至上、生命至上”核心思想，构建“12571”大安全管理体系，将人机环管的孤立要素整合为“环环互控、层层互保”的治理生态，实现凡动必有控、凡控必有责、凡责必有查、凡查必有果。既聚焦过去的问题不再重复发生，又在未来的风险识别、防范上下足功夫。从标准化作业、常态化培训的专业能力提升，到设备智能升级与多部门应急联动的科技突破；从安全生产责任穿透岗位末梢的“硬卡控”，到纪检审计协同驱动的追责闭环，既通过“五查五改五促进”滚动循环实现问题溯源与动态改进，又以数智化手段激活风险预警与监督联动效能。安全治理生态的突破，并非依赖单一技术或制度的改良，而是以融合之道重构安全价值逻辑——将战略层面的思想目标、行动层面的机制任务、保障层面的监督防范进行一体化贯通，最终建立“不敢违、不能违、不想违”的全要素安全屏障，形成了安全监督的朔黄经验。政治安全层面，按照“防微杜渐”与“重点突破”综合施治，开展“防‘蝇贪蚁腐’”十大工程、“工程、物资、采购、后勤、五小”领域监督，发挥出协同监督对企业合规经营的有效支撑作用，整合纪检、巡察、审计、法律、财务等多维力量，确保合规经营从“被动监管”转向“主动合规”，筑牢国有企业政治安全和合规监管的铜墙铁壁。

第一节 树立生产安全观，构建大安全管理体系

朔黄铁路公司推进大安全体系建设，树牢“两个至上”理念，围绕“过去的问题不再重复发生和未来的风险有效防范”两个重点，集合组织、制度、责任、技术、业务、资金、科技、信息、文化、应急等管控要素，打造“一个中心、两个根本、五个循环、七个抓牢、一个监督”的基于多维度、全系统的“12571”大安全管理体系。

一、思想目标：“一个中心”“两个根本”

“一个中心”是坚持以人民为中心，将人民为中心作为核心理念，并在突出学习贯彻习近平总书记关于安全生产重要论述和重要指示批示精神、安全理念文化、职业健康等三方面具体实践。突出学习贯彻习近平总书记关于安全生产重要论述和重要指示批示精神就是发挥党建对安全工作的引领作用、强化企业主要负责人作为第一责任人承担的安全领导力和安全承诺及安全决策职责、畅通从业人员参与安全生产管理的渠道、实现企业内外部安全生产信息能够得到及时、准确和全面的沟通与处理。突出安全文化理念就是凝练朔黄铁路公司的安全理念和培育特色的安全文化。突出职业健康是围绕健康企业核心，关注企业从业人员的职业健康和心理健康。

“两个根本”即从根本上消除事故隐患、从根本上解决问题，“两个根本”

是朔黄铁路公司大安全管理体系建设的根本要求和目标。一是形成完整的安全生产规章制度，及时更新安全生产相关文件。修订更新安全生产管理制度，修订完善各专业作业标准及作业指导书。二是落实安全生产规划，每年初印发安全生产一号文件，细化分解安全任务清单。每季度安全生产委员会通报一号文件推进情况，每月汇报集团一号文件推进完成情况。三是实现消防、危险化学品、特种设备、自然灾害、改扩建项目、营业线施工、铁路沿线环境和结合部等具有朔黄铁路公司特色的专项安全。

二、机制任务："五个循环""七个抓牢"

"五个循环"是常态化推行"五查五改五促进"，以思想、落实、隐患、作风、对照五个方面的"五查"为切入点，以改进安全认知、改进管理模式、改进工作方法、改进教育效果、改进控风险治隐患的"五改"为发力点，促进安全态度、管理水平、履职能力、整改效率、工作作风的提升。"五查"的核心是安全检查和事件管理，"五改"的核心是实现行为管控，而"五促进"的核心是通过"五查""五改"实现持续改进。

"七个抓牢"是推动大安全管理体系建设必须抓牢的七项工作。一是抓牢安全生产责任落实，建立所有岗位安全工作清单，依托安全管理信息化先进手段，实现安全生产责任制的硬卡控、强落实，做到环环互控、层层互保。二是抓牢标准化作业，健全完善作业办法、作业流程、作业标准，持续推进标准化中心站、星级班组建设，以点带面，推进安全生产管理、专业管理贯通到一线，推动规章制度、作业标准落实到岗位。三是抓牢安全培训，组织开展《中华人民共和国安全生产法》、消防安全、安全生产责任制等专题培训，开展全员岗位大练兵活动，推动安全生产培训专业化、安全生产宣教常态化、班组安全管理规范化，不断提升员工岗位履职能力。四是抓牢风险辨识，全面评估各项工作任务，按专业开展风险辨识，分级分类制定管控措施；升级安全管理信息系统智能分析功能，对历史安全数据进行归集梳理、趋势分析，按月发布风险防控提示函。五是抓牢隐患排查整治，持续开展重大事故隐患排查整治，实施清单化管理、项目化推进、工程化实施，确保问题隐患按期整改销号。六是抓牢设备升级和科技创新，健全完善各专业设备修、管、用标准，推广安全可靠、先进实用的新工艺、新设备和新材料，有效推动设备设施升级改造；强化科研成果转化应用，加快推动朔黄智慧重载 4.0 建设，推进基础设施智能运维、智能调车、移动闭塞和 2 万吨重载列车安全保障技术等项目核心技术攻关。七是抓牢安全应急，健全完善与气象、水利、自然资源等部门的防灾信息互通共享和应急联动机制；定期开展突发安全环境事件演练，开展分场景、多工种应急演练，完善应急预案，强化应急响应，持续提升防灾、减灾、抗灾和救灾能力。

三、监督保障：一个安全监督

充分发挥协作监督作用，加强纪检、巡察、审计与安全监察协同联合追责问责；充分发挥安全监察作用，加大监察频次，在重点时段开展精准监察；充分发挥群众监督作用，选优配强群众安全监督员、劳动保护检查员，拓展安全生产工作全员参与的深度与广度；通过硬约束、严考核，打造“不敢违、不能违、不想违”的安全环保管理长效机制。

四、大安全管理体系的特色举措

细化安全生产责任制落实落地。朔黄铁路公司改变原有单一的管理模式，形成互动、全面的专业化管理，并自上而下全面深化改革创新，促进企业员工共同参与安全管理工作，充分发挥每个人的主观能动性，让企业的安全管理工作不再只是被动地接受，而是形成主动的良性循环，从而为企业的安全生产提供相应保障，增强员工的责任意识和监督意识。推行基层单位负责人安全计分制管理和操作岗位安全积分制实施，纳入安全生产责任制度考核项，让安全生产责任制履职考核在一线开花结果，实现安全责任制横向到边、纵向到底、全员全过程的安全责任层层互保，把从根本上消除事故隐患、从根本上解决问题作为贯彻落实是否到位的检验标准。

做好“人、物、环、管”全方位的风险管控。人的行为主要是指不安全行为管控，包括人员准入、档案管理、作业标准、心理情绪管理等方面。物的状态重点是对设备的管理，通过科技手段对设备状态进行检测监测，实时掌握设备运行情况，能够提前感知设备状态下降，做出设备故障的趋势预判。环境控制重点是外部环境变化带来的直接或间接的风险，例如沿线的油气管线、上跨下穿设备、易燃易爆品储存场所等，按要求建立“双段长”工作制，加强与地方的沟通交流和联合监督检查，管控好环境风险。管理保障主要包括管理体系和双控机制，管理体系主要是“八大保障”建设，双控机制是安全风险分级管控和隐患排查治理的管理。

做好隐患排查治理保障。重点解决已发生的问题不再重复发生，并做到管理到位，不断提升职工隐患排查能力，利用科技手段，辅助好隐患排查工作，采取预防性的措施；利用好隐患排查治理各项保障措施，实现隐患排查治理的闭环管理，做到未来的风险有效防范。

做好安全培训全覆盖。强化各级党政领导干部安全教育培训，运用网络化、智能化、数字化等手段，开展干部职工线上安全教育培训；强化从业人员安全素质能力提升，加快培育安全技能人才队伍，建设兼容、开放、共享、规范的安全生产网络培训机制；强化特种作业人员培训质量，完善规范化、标准化和制度化的持证管理体系；强化安全监管人员安全教育培训，提高安全监管人员专业化素质，提升安全生产管理人员工作落实能力；强化安全生产应急实战演练，常态化开展应急处置及应急避险演练，倒查安全培训制度不落实、演练不到位责任。

强化安全生产标准化落实。将安全履责作为安全积分考评的重要项点，将全过程的考核奖惩作为员工晋升的重要依据，利用人（安全积分制）、物（保设备状态）、环（消除不安全因素）、管（管理无缺失）各个环节的考核奖惩激励，充分激发全体员工参与安全管理的积极性和主动性。将安全管理信息系统作为公司安全生产管理体系的数字化呈现和大安全体系落地的抓手和着力点，实现安全管理全方位、立体化。优化系统管理层级，梳理用户权限、修改系统错误，加强系统日常应用管理，挖掘大数据应用潜力，融合智能运管维、应急救援系统，实现数据的安全分析和应用。

五、大安全管理体系的实践成效

朔黄铁路公司通过构建大安全体系，全方位、常态化提升公司铁路运输的安全性和可靠性，为运输领域的长治久安贡献力量。

实现“七个加强”。在责任落实上实现加强，进一步厘清各层级、各系统、各岗位的安全生产责任，持续完善和推进安全生产标准化建设，增强管理的联动性和穿透性，提升系统管理合力。在执行力建设上实现加强，通过完善的安全管理相关制度和制度执行力度，提升安全生产管理成效。在畅通管理链条上实现加强，依托中心站，在工作机制、机构设置、人员管理、教育培训、防灾减灾、应急管理等方面强化工作力度，提高各中心站的掌控能力和自主管理能力，打通安全生产“最后一公里”。在隐患排查上实现加强，建立并动态更新风险隐患清单，按照五个循环工作机制，开展精细化、常态化的风险隐患排查整治，闭环落实整改措施，推动隐患动态清零。在队伍建设上加强，健全安全管理规范和工作流程，使每一名员工清楚自己在推动安全体系落实中承担的角色和功能，切实提升从业人员的安全意识和水平。在激励约束上实现加强，奖惩分明，建立差别化、合理化的考评体系。

实现过去的问题不再重复发生，未来的风险有效防范。过去的问题杜绝重复发生。朔黄铁路公司通过剖析历年发生的典型安全事件，深度分析开通以来各类安全事件的发生频率、监测检测数据及存在问题，掌握安全事件变化规律，从源头上杜绝同一安全事件的再次发生。动态辨识未来的风险。朔黄铁路公司对安全管理持续进行大力度的科技投入，利用物联网技术实时监控列车运行状态，使用云计算分析海量数据预测设备故障，以及借助人工智能识别异常行为等，不断积累在安全管理领域的科技手段。先进技术的应用大幅降低了事故发生的风险，为公司安全生产运营提供了坚实的保障。有效防范未来的风险。智能应急处置系统的建立，使得朔黄铁路公司在面对突发事件时能够迅速响应、有效处置，最大限度减少事故造成的损失。智能灾害预警防控技术的应用，实现了对自然灾害的早期预警，能够为应急响应争取宝贵时间。

总而言之，朔黄铁路公司在“融合之道”理念下，聚焦“动静变”结合，严格安全信息管理、严格事件定性定责、严格安全责任追究、严格对规对标检查，从抓分析、抓关键、抓督导、抓现场、抓落实五方面做好安全监督全过程管理工作，以安全生产之“稳”，支撑朔黄铁路公司高质量发展之“进”，成为建设世界一流专业领军示范企业之“基”，为朔黄铁路公司实现高质量发展奠定雄厚的基础。

第二节 筑牢“政治安全”底线，构建大监督体系

朔黄铁路公司构建的大监督体系的核心是既抓防微杜渐、又突出监督重点，同时发挥各监督条线的协同作用，开展了“防‘蝇贪蚁腐’”十大工程，实施了工程、物资、招采、后勤和“五小”的“3+1+1”领域监督管理，建立起了协同监督的协同合规经营体系。

一、构建大监督体系

（一）大监督体系总体架构

朔黄铁路公司构建了“高度集中、管理周密、组织规范、及时有效”的大监督体系，落实“三级管控、五力融合、平台保障”工作机制，全面加强监督网络，确保各项业务的合规性和廉洁性。三级管控，即压实公司、子分公司、基层中心站三级组织的主体责任，每一层级都能有效履行监督职责；五力融合，即协同纪检、巡察、审计、财会、法律五方力量，同时发力、同向发力、综合发力，形成监督合力，确保监督工作全面有效；平台保障，即做实党风廉政建设和反腐败协调小组工作平台、数智纪检平台，实现监督工作的信息化和智能化。朔黄铁路公司的大监督体系具有三大特色：

注重强调“三级管控”方面，压实本部、子分公司、基层中心站三级组织的主体责任。通过三级管控，朔黄铁路公司能够更好地从上至下穿透监管，促执行、防风险。具体来看，公司层面通过定战略、作决策、防风险，确保

朔黄铁路公司整体监督职责的落实；子分公司层面通过督导和督查生产运营层落实工作情况，确保监督职责的落实；基层中心站通过实施具体监督措施，确保生产运营的高效协同和监督职责落实到一线，助推业务人员做好监督首责工作。这种多层次的监督管理架构确保了监督职责的明确性和执行的有效性。

注重“五力融合”方面，协同纪检、巡察、审计、财会、法律五方力量，形成监督合力，确保监督工作的全面性和有效性。通过五力融合，朔黄铁路公司能够实现监督全覆盖、无死角，多部门协同推进大监督工作，确保体系高效运转。其中，纪检负责监督党的纪律执行情况，确保党员干部廉洁自律；内部巡察组定期开展巡察工作，发现问题并推动整改落实；内部审计人员对财务状况和业务活动等方面进行审计，从内确保公司合规性和透明度；财会人员负责对日常财务管理进行监督，确保财务数据的真实性和准确性；法律人员提供法律法规方面的指导支持，确保各项业务的合法合规进行。多部门协同的监督机制带动朔黄铁路公司员工树立“大监督”的工作格局，有助于在日常生产经营中全面提升监督工作的质量和效率。

注重强调“平台保障”方面，通过建立党风廉政建设和反腐败协调小组工作平台、数智纪检平台，实现监督工作的信息化和智能化。以信息化手段提高了监督工作的效率和精准度，减少了人为失误和管理滞后带来的风险。具体来看，党风廉政建设和反腐败协调小组工作平台用于协调和管理党风廉政建设工作，确保各项工作有序推进；数智纪检平台通过大数据和信息化手段，实现对监督工作的实时监控和数据分析，提升监督效率。通过这些信息化监督平台，朔黄铁路公司能够在日常的全方位监督工作中及时发现和解决问题，确保监督工作的高效性和精准性。

朔黄铁路公司的大监督体系通过三级管控、五力融合和平台保障，构建了一个全面、高效、智能的大监督网络，凝聚了各方监督合力，在减轻各层级监督负担的同时高质量保障监督工作质量。

（二）防“蝇贪蚁腐”和高风险领域监督

为促进治理体系和治理能力水平提升，为“121”发展战略实施营造良好政治生态，防微杜渐，针对“蝇贪蚁腐”这类看似小的问题，从群众身边的贪腐入手，朔黄铁路公司一体推进防“蝇贪蚁腐”行为，让“占小便宜”这种蚂蚁啃堤坝的行为无处下手。同时，对工程招标、物资采购等高风险领域予以重点监督，全面提升在工程、物资、采购等领域的风险管控能力，集中火力盯住要害领域，推动廉洁建设，优化资源配置，促进高质量发展，开展了工程、物资、招采、后勤、“五小”领域监管。

1. 工程领域

朔黄铁路公司以“六严禁、六必须”为抓手，实现“一年打基础、两年促提升、三年做引领”的目标。一是治理转包、违法分包和资质挂靠。采管中心严格审查投标单位资质，杜绝围标、串标、资质挂靠。开工前，共享服务中心、子分公司和监理单位严格审查承包商资质，严禁不合格分包单位准入。定期开展专项检查，发现问题及时通报并严肃考核。二是实施不合格施工人员清零行动。严格核实施工单位管理人员信息，确保项目管理人员为自管员工。施工人员必须经过三级安全培训、考试合格，并录入信息系统，持证上岗，同时做好现场人员身份信息核实。三是开展合同延期排查。合理设计施工工期，共享服务中心、子分公司制订施工推进计划。每月统计施工进度，每季度分析计划完成情况，以便及时发现延期风险并通报。利用全生命管理系统，对合同延期风险提醒预警，严格审核延期申请，对无正当理由延期的进行处罚。

2. 物资领域

朔黄铁路公司以“强基固本、提质增效、标杆引领”为目标开展物资领域监管。一是进行物资计划提报源头治理。结合按图运营计划提报运维物资需求计划，确保年度需求计划与维修任务相协同。工程物资需求计划根据三年滚动计划或年度施工计划提报，实现物资招标与施工招标同步。二是强化物资验收管理。严格审查物资生产企业资质，确保来源合法。运维物资执行两次验收，确保上线上车质量，杜绝不合格物资上线上车。三是进行物资结算业务专项清查。学习合同执行相关法律，定期检查合同履行情况，对合同执行有争议的问题进行研究解决，对违规行为纳入考核管理。

3. 招采领域

朔黄铁路公司通过“十严禁”要求，实现采购领域“管得住，管得好，管得优”的目标，即严禁无年度采购计划实施采购；严禁设置不合理条件排斥潜在投标人；严禁任何单位以化整为零、划分标段或者其他任何方式规避招标；严禁违规使用单一来源方式或竞争性谈判方式采购；严禁违规紧急采购；严禁招标前“内定”中标人或“先干后招标”；严禁无正当理由擅自终止招标“改头换面”另报计划实施采购；严禁评标专家无正当理由不参加评标工作、向他人泄露项目有关的保密事项和资料；严禁在中标（成交）通知书下发之日起 15 日内不签订合同；严禁合同延期。努力做到“四降低四提升”，即降低单一来源和竞争性谈判项目数量，提升公开采购占比率；降低年度采购计划偏差率，提升年度采购计划执行率；降低合同签订周期，提升采购效率；降低项目成交金额占比，提升采购总成本节支率。

4. 后勤领域

朔黄铁路公司的后勤工作，除了服务保障外，还包括权证办理、对外协调、历史遗留问题解决、便民新举措推行、管理方式社会化运作等工作。后勤工作为稳定员工队伍、推动公司战略落地、实现“高铁在中国、重载看朔黄”蓝图愿景提供了强有力的服务保障。朔黄铁路公司认为坚守初心、恪守本心是做好后勤工作的前提，要树牢以保障职工利益最大化为原则的价值导向，在具体工作中，全面融入公司“两横一纵”管理体系，与其他中心业务协同融合、同频共振的同时，守牢政治安全和生产安全底线，堵塞管理漏洞，做好风险研判。

5.“五小”领域

朔黄铁路公司认识到“五小”创新领域具有“基层员工为主体、项目小但数量多”等特点，通过采取柔性引导与规范约束并重的方式，强调激励与风险防控的平衡，在保护基层员工积极性的同时防范风险。对“五小”创新领域的监督主要贯穿从创意设计到成果推广的全过程，确保监督涵盖提案合理性把控、立项评估、创新投入、成果转化等主要的风险环节。

（三）协同监督：保障企业合规经营

1. 发挥领导在落实法治责任中的关键作用

朔黄铁路公司成立了以公司党委书记、董事长为组长的公司法治领导小组，全面推进公司法治建设工作。全面履行法治第一责任人职责，党委书记、董事长牵头组织召开年度法治合规工作会，研究分析法治合规经营现状，全面部署全年法治合规工作，进一步明确打造业法融合的公司合规体系。领导干部发挥带头示范作用，及时传达学习党中央、国务院关于法治建设各项指示批示。将依法治企考核指标纳入党的建设和经营业绩考核，针对子分公司、直属机构负责人在法治建设中的履职情况设置考核指标，实现“依法治企”考核全覆盖。

2.“建章立制”规范合规管理体系

以《中华人民共和国公司法》和公司章程为依据，朔黄铁路公司持续规范股东会、董事会、经理层、监事会和党组织的权责关系，实现权责法定、权责透明、协调运转、有效制衡的公司治理机制。修订完善授权管理手册、决策事项清单，并嵌入公司办公流程。持续推进落实规章制度“立改废”和备案审查工作机制，通过将规章制度建设情况纳入日常检查和专项巡查，强化对子分公司制度体系建设和规章制度执行的监督指导。

3.“特色活动”厚植公司法治文化

通过领导班子成员带头开展理论学习、举办公司法治讲堂、开展警示教育和“普法宣传进基层”等“法治号”重载列车普法宣传活动培育公司法治文化。例如，在组织开展“普法宣传进基层”活动中，朔黄铁路公司深入基层沿线开展《中华人民共和国民法典》、反诈骗知识普法宣讲，提升全员依法维权和防诈骗意识。同时，组织开展法律知识竞赛和线上法律知识微讲堂，充分调动职工积极性，实现普法宣传全覆盖。

4.“五力融合”构筑合规防线

朔黄铁路公司构建了覆盖公司、子分公司、中心站三级管理，纪委、财会、巡察、审计、法律“五力融合”的风险防控与监督协同机制。“五力融合”强调发挥公司各合规管理部门的协同联动作用，实现风险管控领域界面互补、信息共享、同题共答的工作机制，定期开展风险识别、预警，对发生的风险进行应对处置。聚焦工程建设、招标采购、投资决策等风险较高的领域开展合规风险专项排查，组织合同管理与制度管理专项检查，及时识别和防范风险。以巡视审计、专项检查、日常工作为抓手，每月发布即将到期合同的预警提示和法律合规风险提示。发挥数智化对合规管控的赋能作用，逐步构建智能风险防控应对机制，推进合规管理从线下到线上，再到线上线下融合、智能在线。

二、大监督体系的实践成效

朔黄铁路公司构建大监督体系，从法律和合规角度出发，紧密结合业务实际对审查事项进行全面监督，抓好“防‘蝇贪蚁腐’十大工程”和“工程、物资、招采、后勤、‘五小’”领域监管，在保障公司业务正常开展、风险最小化的基础上，实现利益最大化。通过营造“人人想合规、人人要合规”的良好氛围，有效解决了组织变革带来的监督难题，为公司转型发展提供有力支撑。

有效提升了监督管理效率。如在物资管理方面，朔黄铁路公司建立了物资出入库清单制管理，确保工单与领料相匹配，以防止资产流失；不断完善各项管理制度，确保每一项工作都有章可循、有据可依；建立专项台账，每季度开展重点检查，对违规行为严肃处理。这些监督措施广泛提升了管理的透明度和规范性，减少了管理漏洞，确保了监督机制的高效和长效。

有效防范了廉洁风险。朔黄铁路公司通过完善的风险评估和防控措施，确保了公司各项业务的合规性和廉洁性。如在工程承包方面，公司定期组织专项检查，开展风险排查和隐患治理，每季度开展工程项目转包和违法分包的重点检查，对发现的问题在工程月度例会上通报，并按承包商考核评价管理办法进行严肃考核，确保了生产安全和廉洁经营。

促进廉洁文化建设。朔黄铁路公司通过纪律集中教育、警示教育、节假日廉洁教育提醒，全面加强纪法教育，提高了广大党员干部和员工的纪律意识和廉洁意识，形成了浓厚的廉洁文化氛围。公司开展“廉洁从业”主题活动，邀请专家进行廉洁文化讲座，组织观看廉政教育片，签订了廉洁从业承诺书，确保廉洁文化深入人心。细化岗位职责，将监督职能写入各岗位职责清单，明确各岗位监督责任，增强了广大干部职工的监督责任感。优化监督考核评价体系，将监督成果纳入党的建设和经营业绩考核，确保监督成果的有效运用。

第八章
人才强企　教育先行：聚力“人才发展”新动能

企业之间的竞争归根结底是科技的竞争、是人才的竞争。当前，能源结构转型与数智化浪潮交织叠加，传统铁路运输企业的高质量发展亟需破解人才结构适配性不足、培养体系碎片化、激励机制单一化等深层问题。朔黄铁路公司坚持“大人才观”理念，坚持教育培训、科技创新、人才培养有机结合，一体贯通至企业生产经营、改革发展的各领域、各环节，一体推进乘务员的人才能力管理、班组员工的人才价值管理、干部人才的生态管理三条人才管理主线，落实人才供应链、人才发展链、人才服务链“三条链”，形成“三大人才管理主线”与“三条人才链”的融合，最终为公司高质量发展打造源源不断的人才新动能，为建设世界一流专业领军示范企业提供坚强的人才保障。其中，乘务员的人才能力管理以铁路运输任务需求为驱动，通过畅通重载列车人才职业发展通道、深化产教融合创新重载人才教育培训模式、建立重载列车人才培养标准及体系，实现人才供应链真正与产业链、创新链需求同频共振。班组员工的人才价值管理突出能力价值最大化导向，通过自主开发的履职能力评价体系和系统，将以人才工作责任清单化为牵引、班组员工履职能力量化评价为驱动的工作思维贯穿到所有生产单元，推动任务责任和管理链条互联互融互促。干部人才的生态管理基于人本管理思想，通过内部人力资源市场的建立和干部能上能下机制的实施，充分激发人的潜能和创造力，打通人才流动、使用、发挥作用的体制机制障碍，实现人才的合理流动和高效配置。

第一节　教育、科技、人才一体贯通的内涵和管理逻辑

科技靠人才，人才靠教育，乘务员、班组员工、干部人才等队伍对朔黄铁路公司的发展起着关键作用。立足新时代新征程，朔黄铁路公司的转型升级不仅是技术层面的革新，更对人才发展这一新动能提出了更高的要求。为了适应这一需要，人才队伍必须朝着高水平、引领性、创新型方向转变。为此，朔黄铁路公司统筹谋划人才强企战略和实施路径，坚持教育培训、科技创新、人才培养一体贯通，增强三者一体贯通的契合度、匹配度、贡献度，系统推进人才结构调整，加强人才培养体系化建设，做实内部人力资源市场，为高质量发展筑牢人才基础。

一、教育、科技、人才一体融合的管理内涵

习近平总书记强调，“科技创新靠人才，人才培养靠教育，教育、科技、人才内在一致、相互支撑”“要按照发展新质生产力要求，畅通教育、科技、人才的良性循环”。党的二十大报告首次将教育、科技、人才“三位一体”集中部署和系统谋划，共同服务于创新型国家建设，为新时代加快建设教育强国、科技强国、人才强国指明了新的奋斗方向。党的二十届三中全会提出，“教育、科技、人才是中国式现代化的基础性、战略性支撑”“深化人才发展体制机制改革”。因此，朔黄铁路公司深刻认识到贯通教育培训、科技创新、人才培养良性循环的重要意义和深刻内涵，加快教育强企、科技强企、人才

强企建设。

对于朔黄铁路公司而言，深入实施人才强企战略，教育培训是基础，科技创新是关键，人才培养是根本。教育培训、科技创新、人才培养从来都是不可分割的统一体，三者既同根同源，又同轨同向，既相互作用，又相互促进、相互助力。科技创新的本质是解放和发展生产力，不仅推动教育培训的发展，也是人才培养和实践的重要手段。教育培训的本质是培养人才，“培养什么人、怎样培养人、为谁培养人”，为科技创新提供源源不断的人才支撑。人才培养则是科技创新和教育培训的关键智力资源，其数量和质量直接影响到企业的核心竞争力。

朔黄铁路公司一体推进教育培训、科技创新、人才培养贯通发展，一是深化教育培训、科技创新、人才培养的一体改革，加快培养造就一支结构合理、数量充足、素质优良的创新型人才队伍。朔黄铁路公司全面加强党对人才工作的领导，抓好在思想、组织、管理方面的贯彻落实，着眼人才培养与科技创新供需不匹配的结构性矛盾，不断完善科技创新、教育培训协同育人机制，进一步打通教育培训、科技创新、人才培养三者良性循环的痛点、堵点，全面加强“三支队伍”建设，加快培养复合型管理干部、铁路专业科技领军人才、一流技术技能人才，形成教育培训、科技创新、人才培养相互促进、融合发展的新格局。二是把创新人才培养模式作为重要举措，全面提高人才自主培养水平和质量。朔黄铁路公司坚持按照人才队伍建设的“三个必须”“七个注重”①，把准人才工作方向，从教育培训的根本问题出发，坚持以

① “三个必须”是指必须坚持党管人才原则，必须坚持人才引领发展的战略地位，必须按人才发展的客观规律办事。“七个注重”是指要注重发展和选拔“好苗子”，注重树立在实践中特别是重大科技工程项目中培养人才的导向，注重以解决实际问题作为人才评价的首要标准，注重建立任期制、契约化、轮换制人才管理模式，注重大胆、科学使用人才，注重增强人才激励针对性和导向性，注重加大高层次人才精准引进力度。

科技创新需求为牵引，完善人才工作战略布局，科学布局人才工作新体系，加快构建高质量育人体系，强化对人才强企的支撑度和贡献力。通过在公司持续营造尊重劳动、尊重知识、尊重人才、尊重创造的文化氛围，进一步鼓舞和激励各类人才志存高远、爱国奉献、矢志创新，加快实现高水平科技自立自强。三是建立科学的人才工作机制，把握人才的规律性，推动实现各个岗位都可成就人才。朔黄铁路公司紧扣国家重大战略，立足发展所向、技术所需、企业所盼，着眼未来和长远，大胆信任使用优秀人才，注重高层次人才精准引进，下功夫培养一批一流科技领军人才和创新团队，着力培养造就一批卓越工程师、大国工匠、高技能人才，深化人才发展体制机制改革，科学设置评价标准，树立鲜明的解决问题评价导向，做好人才评价工作，促进人才创新活力竞相迸发、聪明才智充分涌流。

二、教育、科技、人才一体贯通的管理逻辑

朔黄铁路公司实现高质量发展，教育培训、科技创新、人才培养可谓是“最大创新资源”。一体贯通推进教育培训、科技创新、人才培养，就是要释放教育、科技、人才推动公司高质量发展的倍增效应。教育培训、科技创新、人才培养之间具有内在一致性和相互支撑性。教育培训是科技创新、人才培养的先导性工程，科技创新、人才培养则是教育培训的“加速器”和“资源库”。因此，人才培养必须与科技创新、教育培训有机结合、一体贯通、统筹推进，以发挥协同效能。

一是教育培训、科技创新、人才培养系统性整合。教育、科技、人才是企业发展的战略性资源，系统性整合才能发挥作用。教育培训的本质是培养人才，科技创新的本质是解放和发展生产力，教育培训为科技进步提供源源

不断的人才支撑，科技创新也为教育培训发展持续赋能。教育培训、科技创新、人才培养既有自身子系统，又属于共同大系统。立足于系统观念，既要从子系统看待教育培训、科技创新、人才培养各自的功能价值，也要从整体视角看待共同大系统的总价值，从系统最优解的理论视角界定和把握教育培训、科技创新、人才培养在不同场景下统筹推进的作用和规律，从而产生全局性的战略价值，更好汇聚创新合力。在朔黄铁路公司战略体系落地过程中，朔黄铁路公司以国家战略为导向，将教育培训作为能力供给源、科技创新作为转型驱动力、人才作为价值创造主体，构建互动共生的管理体系。

二是教育培训、科技创新、人才培养协同共生。一方面，强化科技创新、教育培训、人才培养的供给匹配度，统筹教育培训、科技创新、人才培养的有效贯通和融合发展，形成合力助推朔黄铁路公司新质生产力的发展壮大。另一方面，强化教育培训、科技创新、人才培养的精准匹配度。直面朔黄铁路公司在实践中存在的“不够用”“用不上”“不好用”等现象，按照岗位需求、业务发展需求，提升教育培训、科技创新、人才培养的适配性。

总体而言，教育培训、科技创新、人才培养之间存在禀赋差异，是导致人才发展不平衡不充分的关键因素。为此，朔黄铁路公司破解人才协调发展难题，从三者一体贯通、统筹推进的新视角，强化三者之间的契合度、提高支撑高质量发展的匹配度、增强服务“121”发展战略的贡献度。在推进高质量发展过程中，有必要将教育培训、科技创新、人才培养“三位一体”统筹推进成效作为考核的关键性指标之一，充分发挥其应有的导向和引领作用，为高质量发展提供持久而有力的支撑。只有这样，才能使“最大创新资源”——人才发挥最大创新效能，形成支撑引领公司高质量发展的强劲动力。

第二节　万吨列车乘务员培养的“朔黄标准”

重载机车乘务员是完成铁路运输任务的主力军。朔黄铁路公司高度重视乘务员队伍的培养体系及标准的完善，通过明确成长路径、培养模式、培养程序，完善薪酬分配机制，夯实乘务员人才队伍建设，优化乘务员的人才供应链。

一、整章建制构建乘务员培养标准及体系

1. 畅通重载机车人才职业发展通道

重载机车人才选拔和培养遵从“积极储备、精心培养、公平竞争、择优上岗”“先小列后大列，先从控后主控，先东线后西线，先下行后上行”的原则，确保建立起“爱岗敬业、业务精湛、作风过硬、结构稳定”的重载机车乘务员队伍。建立重载司机储备库，人数不低于重载司机定员总数的 12%，动态满足重载运输生产需要。每一名机车乘务员从学员“修炼”为重载司机，至少需要五年半的时间，经历“五关”，如图 8-1 所示。严卡机车乘务员从学员到司机，从司机到万吨、2 万吨主控司机关口。参加主控司机考试前，还要经过两轮筛选。2020 年主控司机通过率仅为 49.1%。培养体系标准清晰界定了乘务员在每个阶段需要达到的规章制度、技能水平、业务知识及操纵实战经验等要求，使得机车乘务员纵向有阶梯、横向可转换，成长路径更明晰，晋升通道更畅通。

2. 深化产教融合创新教育培训模式

按照“因需施教、注重实效”的原则，开展多层次、多渠道、多形式的

乘务员培训（见表 8-1）。自主编印培训教材，并在培训方式、传播载体、工装教具等方面积极探索创新，通过寓教于乐、寓教于新的方式确保培训效果。一是编写教材，确保培训内容的系统性和专业性，涵盖重载操纵技术、综合检测（试验）、培训体系等方面，为行业输出操作标准。二是利用信息化手段。采用“码上学习”、网上微课堂等模式，形象讲解平稳化操纵注意事项；研发重载列车模式化操纵指导系统，利用车载装置实时指导乘务员操纵。三是引入体验式教学，利用仿真模拟驾驶器，模拟不同牵引重量列车重联编组，并且建成 VR 虚拟巡检系统，锻炼技能操作能力，提升应急处理能力。

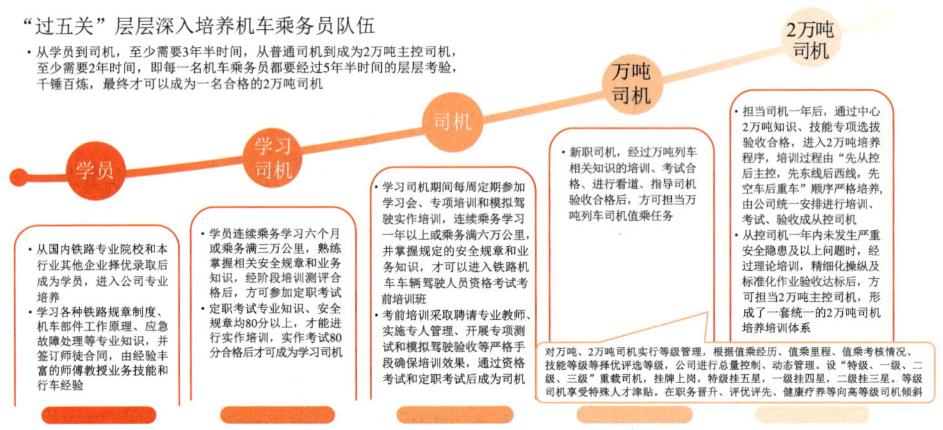

图 8-1　朔黄铁路公司机车乘务员成长路径

表 8-1　机车乘务员培养手段

培养手段	内　　容
岗位练兵	“每周一课、每月一考、每季一评、每年一赛”，坚持以考促学、以讲促学、以练促学：每周由部门组织讲课，每月进行一次考试，每季度实行一次班组长和员工抽考，每年举行一次岗位练兵和技术比武，并积极参与公司、集团的技能竞赛
编写教材	出版发行《朔黄铁路重载操纵技术》等书，填补了国内重载列车操纵方面书籍的空白

续上表

培养手段	内　容
科技、 信息化手段	• 建立安全警示教育室，通过多媒体技术展示，图文并茂，以事故案例为警示素材。将技术要点写成歌曲，把教学内容做成动画。 • 体验式教学，利用仿真模拟驾驶器，模拟普列、万吨、1.6 万吨、2 万吨以及 3 万吨等不同列车重联编组。 • 建成 VR 虚拟巡检系统，填补了国内铁路系统 VR 巡检联动培训空白。 • 创新研发重载列车模式化操纵指导系统，利用车载指导装置实时指导司机操纵。 • 采取“码上学习”、手机考试、网上微课堂等多种教学模式，实现了由精品课件向精品课堂转变，由“一对多”的线下模式向“一对一”的线上模式转变

建设重载技术创新团队，打出产教融合组合拳，切实发挥“2 万吨技术攻关小组”“重载列车自动驾驶工作小组”在技术攻关和解决生产难题中的引领和骨干作用。发挥高技能领军人才的引领和带动作用，大力推行“传承技艺、名师带徒”，精准开展针对性补强和精细化帮教。

3. 统一自管和联运单位乘务员培训标准

开展联合培养，与联合运输单位共同搭建乘务员教育培养平台，提升与联运单位的团队协作能力。自人才培养基地挂牌成立以来，培养了 107 名技艺精湛的 2 万吨主控司机，为打破技术壁垒、实现跨机型值乘奠定基础，有力推动了“无差别、一体化”政策落地。同时，修订了《教育培训管理办法》，制订了《机车乘务员培养标准及晋级考试管理办法（试行）》，与各联运单位共享培训资源，统一培训和考试标准，确保了机务联合运输单位员工教育培训工作与公司保持一致，统一衡量标准。

二、量效兼顾落实市场化薪酬分配机制

1. 以价值创造为导向，推动量化工资改革

过去对于机车乘务员的考核存在计件标准不均衡、不统一，不同岗位劳动强度、操作难度、价值贡献较难反映等问题。对此，朔黄铁路公司选取值

乘公里数和值乘时间作为衡量乘务员工作量的指标，以每公里金额为量化指标单价，计算计程工资和计时工资。创新之处在于，设置了三个量化系数：岗位系数、难度系数、安全系数。三个量化系数突出公司战略发展的价值导向，体现优劣差异原则，进一步保证了量化工资的公平性、公正性。结合乘务员岗位价值，根据值乘过程中乘务员的岗位分工不同，考量值乘作用贡献大小，设置司机、学习司机不同的岗位系数。针对不同编组形式、不同载重列车，根据操纵难度和对运量贡献设置不同的难度系数。根据累计安全走行公里，将以往较为固定的安全趟数奖励更改为梯次累进的安全系数，激励乘务员从“要我安全”向“我要安全”的理念转变。

通过量化工资改革，理顺了东、西线值乘的价格关系，引导形成员工克服困难、勇挑重担的责任和担当意识，乘务员浮动工资占比明显增加，形成了 2 万吨、万吨与普列乘务员之间的合理分配格局，起到了奖勤罚懒、奖优罚劣的作用，激发了员工主动学习理论、提高技能的内生动力。

2. 实施“中长期激励”，打造利益发展共同体

针对自管乘务员建立乘务员的“中长期激励机制”，进一步突出物质激励。每年将重载司机年量化工资的 2% 作为“中长期激励”年度奖励标准基数，以万吨列车司机岗位起始计算，每 5 年为一个激励周期，设置年度递进系数，按照其连续安全值乘年限计算激励额度，并根据机车乘务员值乘考核情况兑现奖励，将其经验累积作为激励的其中一项，“中长期激励”计算方式如图 8-2 所示。

在这一激励体系中，创新之处在于引入了“中断红线”概念，员工一旦触碰安全生产红线，员工奖励将大幅降低或归位为零。这一概念时刻提醒和督促机车乘务员不断提高安全生产工作的履职履责能力和尽职尽责水平。通

过这种全方位的激励与监督，能够在乘务员中树立起一种强烈的安全生产意识和长周期坚守岗位的责任感。

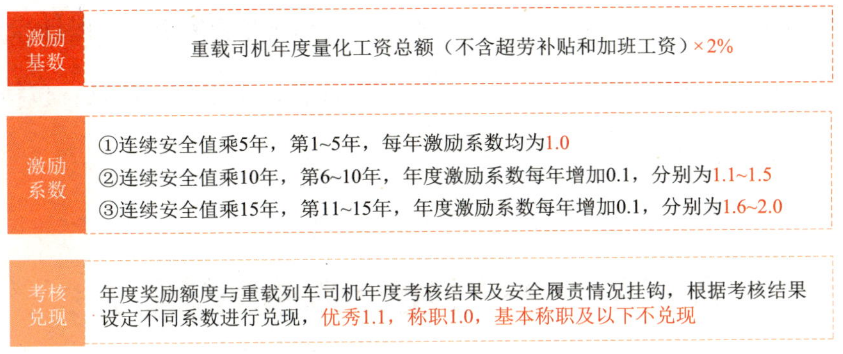

图 8-2 “中长期激励”计算方式

3. 多措并举构建“五位一体”激励机制

有效的激励机制是激发人才积极性和创造力的关键。多种激励方式相结合能够满足人才不同层次的需求，提高其对工作的投入度和忠诚度。朔黄铁路公司结合机车乘务员队伍的技能特点和岗位特征，围绕一流企业建设目标，深化改革机车乘务员激励机制，将物质激励、工作激励、荣誉激励、目标激励和情感激励等贯通融合，建立量化评价、履职契约、等级评定、经验累积、心理关爱“五位一体”激励新机制。其中，建立等级评定，实现荣誉激励。重载等级司机实行总额控制和年度增补额控制，限定比例，同时设置四个层级，从高到低分别为特级、一级、二级、三级，分级制定津贴标准，配发不同星级的臂章和胸牌，在增强自身荣誉感和责任感的同时，为职工群众树立榜样。实施机车乘务员关爱，实现情感激励。持续推进职工心理关爱、健康小屋等民生项目建设，研究建立重载列车司机心理健康模型及关爱标准，开通 24 小时心理咨询热线，定期组织心理辅导，有效缓解机车乘务员因工作环境密闭枯燥、工作强度较高导致的心理压力问题。优化契约管理，实现工作激励。根据乘务员成长路径分阶段签订岗位协议，明确工作要求、工作期限、保密要求、离职约束和竞业限制等，形成机车乘务员“劳动合同+岗位协议+绩效考核”三位一体的契约化管理模式。实施经验累积，实现目标激励，包括前述的“中长期激励”方式。建立量化评价，实现物质激励，包括量化工资改革等内容。

第三节　基层建立以履职能力为核心的人才管理体系

班组是朔黄铁路公司的基层组织“细胞”，是最基本的生产单元，班组队伍建设事关企业的生存与发展。朔黄铁路公司认识到，人才结构调整不是一蹴而就的，需要突出价值创造导向，基于价值评估结果，强化员工薪酬考核和激励机制。各班组积极践行朔黄铁路企业文化和精干高效的用人理念，倡导价值创造导向、业绩贡献导向、科技创新导向，鼓励向奋斗者、一线冲锋者、价值贡献者、改革创新者等倾斜，有效激发主体活力、动力和创造力，搭建班组员工的人才发展链。

一、强化班组员工履职意识

履职意识的建立是员工做好本职工作的前提。如果员工抱着干与不干一个样的心态，对工作中存在的问题、隐患视而不见，将给班组的管理增加难度，也将带来一系列的安全隐患。以三项制度改革为契机，为了切实增强班组履职意识，主要采取了如下措施：一是对班组全体员工进行三项制度改革精神宣讲、培训，让员工明白“三能机制（干部能上能下、员工能进能出、收入能增能减）”的意义和重要性；二是树立员工主动履职意识，采取“一对一”座谈方式和员工座谈，让员工谈履职感受、如何主动履职、如何做好本职工作；三是发挥党员在履职能力建设中的先锋模范作用，班组成立了由政治素质高、业务素质强的党员牵头的专项小组，让党员同志靠前站，在履职意识提升方面勇于担当、主动作为，率先提升自己的履职能力，做好表率，做好身边人的思想工作。

二、实施履职能力评价

1. 建立班组岗位任职清单

对员工履职能力的准确评价，可以为“三能机制”的最终落地提供依据。因此，班组以生产任务为导向，对设备日常检修养护、施工配合、故障应急处理等方面的工作任务进行了全方位的细化梳理，建立了班组岗位任务清单，以此为基础，梳理出了相应的岗位专业素养能力和综合素养能力要求，最终形成了信号工岗位能力清单 172 项，通信工岗位能力清单 174 项。

2. 人才能力九宫格分析

为评价是否胜任岗位工作，班组成立了履职能力评价机构，制定了单项能力评价指标，引入“要素计点法”来对员工的岗位能力进行评价。将员工所掌握的全部技能项目进行汇总，形成了员工的个人技能清单，再将员工的单项技能得分进行累加，得出员工的“能力值”。这一方法准确地评价了员工的履职能力和个人特点，为后续的人岗相适和能力提升提供了方向和依据。

同时，利用信息化管理系统来对员工的技能和履职能力进行智能分析和管理，应用“人才盘点九宫格法”能力分析工具（图 8-3），实现对员工技能的排序。在员工履职能力管理中开发了员工技能红线管理、技能弱点分析、多人员技能对比等功能，提高了人员评价分析的科学性。

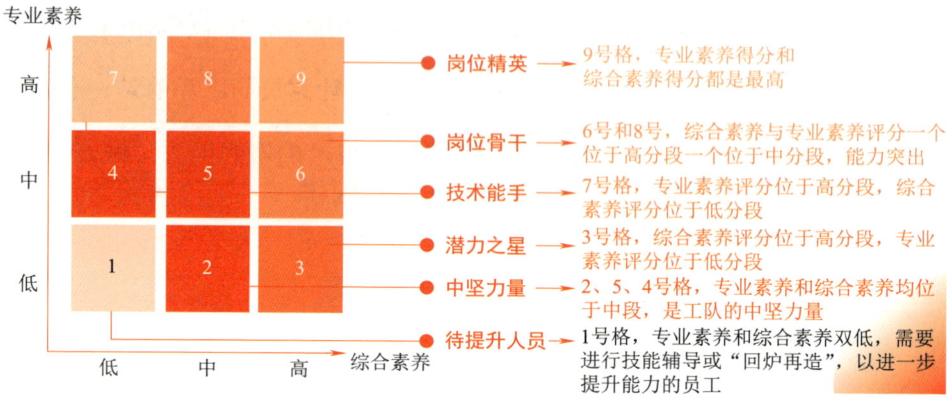

图 8-3 “人才盘点九宫格法”能力分析工具

三、量化履职考核

1. 建立履职积分制

班组建立了任务赋值标准，并对梳理出的工作任务进行积分赋值。为了确保各项工作任务积分赋值的合理性，以及不同工作任务直接积分的平等性，对赋值标准进行设计。例如，基于电务维修作业特点，从工作重要度、技术含量、劳动强度、工作环境和作业风险 5 个维度，将道岔设备集中检修作为基准。“工作重要度”指标主要是为了区分员工完成核心任务和辅助工作所得积分的差异；“技术含量”和“劳动强度”指标是为了体现不同技术含量、劳动强度的工作任务的积分差异；“工作环境”指标是为了体现在恶劣气候环境下室内和室外完成工作任务的积分的区别；“作业风险”是为了体现上道作业、高处作业等存在人身安全风险的作业与普通作业的区别。通过上述 5 个指标得出完成单项任务的履职积分，再根据员工每天完成的实际工作量，得出当日履职积分，并在月底对积分进行汇总排名。最终，把履职积分转化为绩效得分并作为绩效考核的直接依据。

2. 提升量化指标的科学性和可行性

班组充分发挥集体智慧和力量，在指标的选取和赋值过程中，抽调各电务班组员工代表成立了履职能力建设工作组。通过“广泛参与、民主制定”的方式，充分考虑各项作业任务的“人、机、料、法、环、测”等要素，以及员工的合理诉求，提高了量化指标的科学性和可行性。

3. 建立履职管理系统，降低管理工作量

在量化考核实施过程中，每天对员工的履职积分进行记录和累加是一项烦琐的工作，给作业组的管理增加了一定的工作量。为提高履职积分管理的工作效率，班组通过自主开发的履职管理系统，在系统上进行电子派工，由系统根据员工每天完成的工作量自动计算当日的履职积分，月底智能排序，并可按照考核规则自动形成 ABC 的绩效考核指标。各个考核环节积分的记录与累加，以及考核结果的汇总和呈现全部由系统自动完成。员工可以通过系统随时查询自己的履职积分，从而提升了履职考核的信息化和智能化水平。该系统确保了每一项工作积分均可追溯，避免了非正常的人为干预，确保绩效考核的公平、公正和公开。

4. 考核量化的“一人一系数”

班组从 2022 年 1 月开始实施量化考核，每月月底按照员工量化考核成绩排名情况和 A、B、C、D 各考核档次的比例，确定员工月度考核档次，并在此基础上突破 A、B、C、D 考核档次的固定考核系数，实施“一人一系数”，即同一考核档次下实行浮动考核系数。实施以来，在同一岗位不同考核档次下绩效工资差距可达 40%，差额达 2600 元左右；在同一岗位同一考核档次下绩效工资差距最高可达 15%，差额达 1000 元左右。通过适当拉大考核系数差

距，充分体现出“多劳多得、绩优多得”的分配原则。

四、小履职积分带来大的干事创业热情

以电务专业工作为例，在电务专业“非天窗、非必要不上道”的管理模式下，原来员工到作业组上班一天，不做实质性的工作，也能算正常出勤一天。但是在目前的积分制下，若员工不做实质性工作，当日积分可能为零，或者较低，从员工角度来说也会主动向班组要任务要积分。

为此，班组拓宽了员工获取积分的渠道：一是为了促进员工业务技能的提升，班组对业务技能强的员工每月进行固定加分。同时，员工每提升一项技能，即可获得对应的履职加分，以此来激励员工主动提升自己的技能。二是围绕安全生产和班组管理，班组梳理了一些非检修任务供各班组完成。例如，站场废旧物资回收一直以来都是班组工作开展中的一个难题。员工对废旧物资的回收一直不重视，现在通过积分制，员工作业完毕主动回收废旧料，很好地解决了此问题，同时提高了班组工作任务的饱满度和覆盖度。三是开辟了员工个人主动寻求积分的渠道，对员工主动解决生产中的问题和隐患、提出合理化建议改进作业方式提高作业效率、主动学习提升自身业务技能、主动帮助他人提升业务技能等方面的行为进行履职加分。四是对班组存在的重难点问题（表 8-2），班组以“揭榜挂帅”的方式，鼓励全体员工积极参与攻关。已发布了 15 项榜单，12 项已经被认领解决。

表 8-2　班组难点问题榜单示意

序　号	工作项目	积　分	期　限
1	解决 ZJY7 电液转辙机表示杆进水问题	150	9 月 30 日
2	解决区间轨道电路不良天气调整自动提醒	120	6 月 30 日

续上表

序　　号	工作项目	积　　分	期　　限
3	解决 ZYJ7 电液转辙机接点结霜问题	180	8 月 30 日
4	解决机械空设备信息查询难问题	200	8 月 15 日
5	解决液压道岔转辙机密封不严问题	160	7 月 20 日
6	信号设备空外箱盒关键部位电压监测装置	260	9 月 30 日
7	信号设备空外箱盒内部环境监测装置	260	8 月 10 日
8	解决调监地感电缆容易拽出问题	80	7 月 10 日
9	解决表示杆冬季夹雪问题	120	9 月 15 日
10	解决冬季除雪电动除雪机电源问题	120	10 月 31 日

第四节　畅通公司人才流动机制

朔黄铁路公司积极探索创新人才管理模式，以内部人力资源市场盘活现有队伍，以干部能上能下机制优化干部梯队，不仅打通人才流动、使用、发挥作用的体制机制障碍，实现了人才的合理流动和高效配置，也为公司的战略转型和可持续发展提供了有力的人才保障，构建上下贯通、职责明确、精准高效的人才服务链。

一、以内部人力资源市场盘活现有队伍

1. 明确市场机制与原则，奠定人才流动基础

确定市场定位与配置方式。公司明确内部人力资源市场是在公司范围内，以盘活存量、优化配置、集约提效为目标，通过内部招聘、组织调配、人员划转、人才帮扶等配置方式推动员工有序流动的内部机制及相关活动。国家

能源集团为人力资源一级市场，公司为二级市场，不同层级市场相互配合，实现人才在更大范围内的优化配置。在人员短缺时，公司首先在本单位内部所属冗员单位中补充，内部调剂无法满足时，再在二级市场进行配置，确保人才优先在公司内部得到合理安排。

鲜明的用人导向。内部人力市场建设与管理坚持党管人才原则，强化各级党组织的政治领导和把关作用，按照“统筹管理、双向选择、有序流动”原则，确保员工流动规范有序。同时，公司坚持“精干高效”用人导向，优化劳动组织和人力资源配置，精简用工数量，提升创效能力。在实际操作中，如公司组织人事部在制定内部人力市场管理制度及配套政策时，充分考虑党组织的意见，确保政策符合公司整体发展战略和人才需求方向，引导人才向关键岗位和重点项目流动。

2. 健全组织架构与职责，保障人才流动管理

建立内部人才评价和定价机制。根据人才的能力、业绩和贡献，对人才进行科学合理的评价和定价。通过内部人才市场的价格信号，引导人才向价值创造高的岗位流动，提高人才资源的配置效率。

归口管理部门职责。公司组织人事部作为内部人力市场的归口管理部门，承担多项重要职责。包括贯彻落实集团相关制度要求，拟订公司内部人力市场管理制度及配套政策；负责市场的建设和运行管理，组织参与集团一级市场运行；做好人力资源供需分析，汇总审核所属子分公司需求计划，拟定跨单位人力资源配置方案并组织实施；指导各单位员工有序流动，监督、评价各单位市场运行情况并开展配置效果分析；组织开展人才培训，做好专业人才储备；协调解决市场建设运行中的重大事项。例如，公司组织人事部定期对各子分公司的人力资源状况进行调研，根据调研结果制订年度人才培训计

划，为员工提供提升技能和适应新岗位的机会，同时确保各单位在人才需求和供给上的平衡。

子分公司主体责任。子分公司是内部人力市场的落实主体，需贯彻落实公司相关制度要求，积极参与市场运行，配合公司开展人员流动工作；做好本单位人力资源供需分析，提出供需计划；支持、引导员工有序流动，为公司各专业领域输送人才；做好本单位人才培训、培养和储备工作；以及做好内部人力市场运行的其他相关工作。例如，机辆分公司根据自身业务发展需求，向公司组织人事部提出对特定技能型人才的需求计划，同时积极推荐本单位优秀员工参与公司内部招聘，为其他单位输送人才。

3. 完善市场建设与管理，推动人才有序流动

加强内部人力资源市场的信息化建设。建立人才信息数据库，实现人才信息的实时更新和共享。通过信息化手段，提高人才招聘、调配的效率和准确性，为公司的人才管理提供有力的支持。

信息化平台搭建。公司依托集团内部人力市场信息平台，根据需要建立和完善公司内部人力市场信息化管理平台，搭建供需双方对接桥梁，实现信息发布、方案审批、人员流动等全流程闭环管理。员工可在平台维护个人简历并选择性公开相关信息，形成内部人力市场人才库，同时可发布求职意向或提交应聘申请参加内部招聘。

人员流动规则制定。内部人力市场人员流动遵循“先内后外”原则，优先在本单位内部进行调剂补充。各单位以公司下达的定员为人员配置标准，推动富余人员向有效岗位流动，冗员单位人员向缺员单位流动，鼓励员工向艰苦地区流动。同时，公司强化劳动定员应用，积极落实待岗培训制度，对专业岗位上非专业背景人员较多及人员相对富余的单位，加强员工岗位技能

培训，组织员工向缺员单位流动，实现减员增效。原平分公司在人员配置过程中，严格按照定员标准，对部分岗位人员进行了优化调整，将部分富余人员通过内部招聘调配到缺员岗位，同时对非专业背景人员加强培训，提升了整体人员配置效率。

人员流动限制与要求。员工首次参加公司内部招聘、组织调配，应在入职单位工作满一定年限，再次参加需在现单位工作满 3 年。但公司组织的向紧缺岗位、新机构等人员调配，以及整建制人员划转、向艰苦边远地区流动等情况，可根据需要放宽年限要求。

比如，朔黄铁路公司本部通过先公开招聘，后借调试用，再正式调用的方式，为人才提供一个展示自我的机会，也为企业选拔到更符合实际需求的人才创造了条件。在试用的环节中，人才可以更好地了解公司本部的工作环境、业务需求和文化氛围，公司也可以更全面地考察人才的专业技能、工作态度和团队协作能力，对在试用过程中表现出色的人才，会正式调到公司本部，正式成为公司本部的一员。这样的选拔方式有助于推动人才的正向导向，鼓励人才不断提升自己的能力和素质，以适应企业的高标准要求。

4. 强化考核与激励机制，促进人才积极流动

动态监控与指标分析。建立内部人力市场运行动态监控机制，公司按季度对子分公司用工总量变化、流动人次、配置成效等关键指标进行统计分析并发布。通过这些数据，公司可以及时了解各单位人才流动情况，发现问题并调整策略，优化人才配置。

工资总额联动激励。建立内部人力市场流动与工资总额联动机制，推动“增人不增工资，减人不减工资”的工资总额包干机制落地实施。对子分公司

通过盘活内部人力资源存量补充新建项目所需用工的，可视情况给予适当奖励；对积极推动减人提效且有效减员的单位和部门，以及缺员单位通过内部市场补充人员的，分别给予不同程度的奖励。对冗员严重且不积极分流人员的单位，原则上年度工资总额不增长。例如，肃宁分公司通过内部人力资源市场合理调配人员，成功为新建项目补充了所需用工，同时优化了部分岗位设置，减少了冗员，因此获得了公司的工资总额奖励，进一步激励了该单位继续积极参与内部人力资源市场的运作。

绩效考核积分联动。建立内部人力市场流动与全员绩效考核积分联动机制，对通过内部招聘、组织调配、人才帮扶等方式向艰苦边远地区流动的员工，可在绩效考核积分基础上每年多计 1 分（最长不超过 3 年），积分结果与职务（职级）晋升、岗位竞聘和评优评先挂钩。

人才帮扶考核评价。对参与人才帮扶员工的考核评价，按照“谁用人、谁考核”原则，由接收单位负责，考核结果（不计入派出单位优秀比例）反馈至派出单位进行应用。这确保了人才帮扶工作的有效性和公正性，同时也激励派出单位和接收单位共同关注帮扶人员的成长和发展。例如，机辆分公司派出一名技术骨干到其他单位进行人才帮扶，在帮扶期间，接收单位根据其工作表现进行考核，并将考核结果反馈给机辆分公司，机辆分公司根据反馈结果对该技术骨干进行相应的奖励或进一步明确培养规划，提高了人才帮扶工作的质量。

二、以干部能上能下机制优化干部梯队

全面推行经理层任期制和契约化管理，公司及所属 8 家单位的经理层成员签订岗位聘任协议、任期和年经营业绩责任书，覆盖率达到 100%。明确经

理层成员年度经营业绩考核主要指标完成率低于 70% 的将被自动解职。

建立常态化进退和上下机制，除集团规定的情形外，结合工作实际增设了多种干部“下”的情形，并建立履职不力督查机制。

推行干部队伍年轻化，结合干部队伍现状，加快年轻干部的培养。注重将工作业绩与干部的“下上”相结合，大力培养使用长期在艰苦地区、生产一线、吃劲岗位工作，业绩优秀的年轻干部走向管理和技术岗位。培养使用优秀年轻干部。开展优秀年轻干部调研，在确定的科级以下 155 名优秀年轻干部人才中，“90 后”占比 36%。

第五节　对未来人才管理持续优化的展望

朔黄铁路公司的转型升级不仅是技术层面的革新，更是对人才这一动能提出了更高的要求。为了适应这一转型趋势，人才队伍也必须朝着高水平、引领性、创新型方向转变。为此，朔黄铁路公司统筹谋划人才发展战略和实施路径，系统推进人才结构调整，加强人才培养体系化建设，做实内部人力资源市场，为高质量发展打造源源不断的人才发展新动能。

一、优化人才队伍结构

当前，朔黄铁路公司已建立健全职级体系，但仍存在部分专业人才短缺、岗位流动无序等情况。随着铁路运输行业的发展和技术进步，对专业人才的需求日益增长，人才短缺必将影响公司的运营和发展。而岗位流动的随意，一方面可能致使部分员工难以充分发挥专业优势与潜力，另一方面也可能使重要岗位难以获得合适人才补充，进而影响工作效率与质量。

未来，朔黄铁路公司通过制订体系化人才发展规划，注重复合型管理干部、铁路专业科技领军人才、一流技术技能人才培养，将人才培养规划和企业改革发展深度融合，以适应向平台型企业转型之需。在人才结构上，突出专业性与复合型，秉持精干高效的理念，延续“用人少”的标准，致力于培养高水平引领性和创新型人才。具体而言，干部应具备复合型高素质，科技人才需有高水平引领性和创新性，操作队伍要向工程师化发展。在人员规模与结构上，公司将大力推动数智人才建设。伴随企业智能转型，未来拟通过自然减员与人才引进优化人员结构，减少无效劳动力，引入高学历且符合企业战略需求的人才。

二、实施人才分类培育

当前，朔黄铁路公司虽然针对关键岗位人才建立了培养体系，但对于一些非关键岗位的人才培养计划不够细致和全面。培训资源的分配可能存在不均衡的情况，部分岗位员工获取培训的机会相对较少。人才评价指标可能存在单一化的问题，不能全面、客观地评价员工的能力和贡献。在一些新业务领域，缺乏相应的人才评价标准和机制。

未来，朔黄铁路公司通过进一步完善职业发展通道与培训体系，加快推进未来青年人才梯次培养。第一，铺画人力资源分布地图，深入分析企业和产业的用人需求，建立多层次、全方位的育人体系，设计个性化的培养方案，从企业内部培养支撑发展所需的各类型、各层级人才。第二，加速做好存量优秀大学生的全链条培养。建立新职员工人才评估标准，优化完善大学生成长路径，做好大学生的跟踪培养。第三，推动一线技术技能队伍数智化能力提升。综合研判各类岗位的需求变化，提前做好人员转型规划，在培育数智化转型应用场景和新兴产业的同时加快新型劳动者队伍培养速度。通过黄大中心制运营管理模式改革、中心站改革等培养复合型人才，提升技术技能人才的专业纵深水平，依托公司智慧重载4.0、数智朔黄精益管理体系，布局未来人才，打造数智人才。

三、做实人力资源市场

当前，朔黄铁路公司通过内部人力资源市场的搭建，配合岗位薪酬为导向的激励体制和考核评价机制，逐步引导和鼓励员工向技术含量高、关键重要岗位流动，进一步挖掘内部人才潜力，提高人才资源的利用效率。同时，也为人才的职业发展提供了更加广阔的空间和平台，激发人才的创新活力和工作积极性，为公司的战略转型和可持续发展提供了坚实的人才保障。

未来，朔黄铁路公司通过做实内部人力资源池，促进人才融合式发展。一方面，人才储备库实现动态管理。定期评估人才状况，根据评估结果对人才进行分类管理，针对不同类别制订相应的培养任用计划，确保人才始终符合企业发展需求。另一方面，建立跨部门、跨企业的人才共享机制。在企业内部打破部门壁垒，建立跨部门的人才共享机制，提高人才的利用率，同时拓宽员工视野、提升综合能力。探索在国家能源集团内部实现跨企业的人才共享模式。例如，对于一些专业性较强的岗位或技能，企业可以与其他兄弟单位共享人才资源，通过合作项目或交流安排，让人才在不同企业间流动。

四、构建数智化人才发展新生态

面向智慧重载4.0数智化转型要求，以人才的数智化转型为牵引，开创人才管理数智生态进阶的新格局。未来，朔黄铁路公司将通过数智算法重塑人才供应链，例如依托公司“两横一纵、多业务协同”数智朔黄精益管理平台，立体化数字展示每一个员工的工作胜任情况、工作绩效以及绩效评价应用效果，动态调整人才的合理充分有效供应。通过培育数智化思维与工匠精神交融的组织文化，打造出适合重载铁路数智化重塑的复合型人才矩阵，构建“人才价值可量化、发展路径可预见、组织效能可迭代”的生态化治理体系，最终形成引领行业人才发展变革的数智化人才新范式。

国家能源集团
CHN ENERGY
国家能源——不断前进的动力

第九章
数智驱动　创新发展：打造“数智赋能”新动能

当今时代，数智化升级正逐渐成为引领产业升级革命的关键力量，不仅是企业提高核心竞争力的重要途径，更是推动产业向智能化、高效化方向发展的重要驱动力。面对数据壁垒、算力分散、业务断点等掣肘，朔黄铁路公司以“融合之道”重构转型逻辑，以系统观念统筹“点线面体域”五层架构，推动数据资源从离散割裂向全域贯通升级。最终实现以系统化集成破解数据孤岛，用生态化协同释放要素价值，推动数智能力与业务场景的深度嵌合。主要体现在：一是推进人、设备、设施、环境等重要资源数字化；二是推动“端到端”业务流程数智化，包括目标、任务、资源、执行、数据、组织等要素；三是推动业务数智化，是对“点和线”的深度连接，实现企业的物资流、业务流、信息流、人才流、技术流的全面整合；四是推动经营数智化，是“业务面”的融合；五是打通和融合上下游各运输方式，形成生态数智化，构建运输、物流现代化产业链。“点线面体域”五个层级的“数智朔黄”建设强调将数字资产作为企业发展的战略资源，通过数字资产的管理和系统性加工与转化，使其深度融合朔黄铁路公司业务场景，形成适配企业发展需求、契合行业特性的创新模式、新兴领域及数字化应用场景，为企业的数智化转型注入源源不断的动力，推动整个铁路行业智能化升级与可持续发展。

第一节　从数字化到数智化转型

数智化发展体现社会和经济向新范式的根本转变，带来产业组织模式、现代基础设施体系、科技人才培育体系、社会发展治理模式等的革新与重构。在线下零散数据变为线上云端集中数据的数字化过程正在走向更大和更深领域的背景下，朔黄铁路公司已经具备了较好的数字化基础，并将线上云端数据进行智能监控、分析、诊断，深层次挖掘数据的价值和潜能，从而解决业务发展和企业管理中的实际问题，逐步从数字化向数智化发展。

一、数智化概念的提出

近年来，随着数字和智能技术的迅猛发展，数智化成为了备受瞩目的概念。其发展与技术进步紧密相连，特别是大数据、人工智能、物联网等技术的广泛应用，推动了各领域从传统模式向数字化、智能化转变，进而促使数智化概念逐渐兴起。

“数智化”这一概念最早可追溯到 2005 年提出的“数智化社区”，但当时并未引起广泛关注。直到 2015 年，北京大学“知本财团”课题组正式提出该概念，才使其开始进入大众视野。2020 年 9 月 4 日，国家主席习近平在全球服务贸易峰会上发表重要讲话，提出要顺应数字化、网络化、智能化发展趋势，共同致力于消除“数字鸿沟”，助推服务贸易数字化进程。

数智化概念的内涵丰富，从其定义“数智化 = 数字化 + 智能化”可以看出，数智化强调“数字化”基础上的“智能化”应用。例如，在企业管理中，可通过物联网技术实现设备的数字化连接，实时采集数据，再利用人工智能算法对数据进行分析处理，从而实现智能化决策，这就是数智化在企业层面的体现。其本质是通过系统数字化，借助数智技术使系统具备全周期、全领域、全时空的状态感知、数据搜集、实时分析、自动科学决策与精准执行能力，进而实现系统内的数智融合，推动系统智慧生成。

数智化时代具有诸多特征，如以数据为核心生产要素，让数据在经济社会发展中的价值得到充分挖掘和释放；以万物互联构筑数据基础，实现人、事、物与场之间的泛在互联；以数智技术变革生产工具，使大数据、人工智能等技术广泛应用于生产生活各个领域；以系统集成形成数智社会，推动社会各系统协同发展；以数据智能驱动为价值中枢，实现决策自优化、执行自动化与自我学习提升；以数字网络和内容重构社会结构，改变人们的生活和生产方式。

二、数字化和数智化的区别

数智化转型是数字化转型的升级版，是在数字化转型的基础上引入人工智能、大数据、物联网等先进技术的深度运用。数字化与数智化虽密切相关，但在概念本质与技术驱动、应用场景与功能实现、对企业和社会的影响上存在明显差异。

概念本质与技术驱动。数字化侧重于运用数字技术对信息进行采集、存储、处理和传播，实现业务流程的数字化和数据的信息化管理。数智化则是数字化与智能化的深度融合，在数字化基础上，借助人工智能、机器学习、知识图谱等智能技术，实现数据的智能化分析、决策的自动化执行和业务的智慧化运营。数智化不仅关注数据的数字化呈现，更强调利用智能技术挖掘数据价值，实现从数据到知识、从知识到智慧的转变，驱动业务创新与优化。如智能客服系统，能自动理解并回答用户问题，提升客户服务效率和质量。

应用场景与功能实现。数字化主要应用于企业内部管理流程优化，如生产制造企业利用数字化技术实现生产线自动化监控与管理，提高生产效率，降低成本。数智化的应用场景更为广泛且深入，除企业内部管理优化外，在智能交通领域，通过智能算法实现交通流量实时监测与智能调控，缓解交通拥堵；在医疗健康行业，利用人工智能技术辅助疾病诊断、药物研发等，提升医疗服务水平和质量。并且，数智化能够推动产业协同创新，实现产业链上下游企业间的智能协作与资源共享，打造更具竞争力的产业生态。

对企业和社会的影响。数字化为企业带来了效率提升和成本降低，使企业能够更精准地把握市场需求，快速响应市场变化。数智化则不仅提升了企业效率和创新能力，还重塑了企业商业模式和竞争格局，促使企业从传统产品和服务提供商向智能化解决方案提供商转变。对于社会而言，数字化推动了信息传播和知识共享，促进了社会发展的公平性与包容性。数智化在推动社会经济高质量发展、提升社会治理智能化水平、改善民生服务等方面发挥着更为关键的作用。如智慧城市建设中，数智化技术实现了城市管理的精细化、智能化，提升了居民生活品质。

发展阶段与趋势。数字化是信息化发展的中级阶段，是实现数智化的重要基础，其发展相对成熟，市场上已存在众多数字化解决方案和应用案例。数智化是数字化发展的高级阶段，代表着未来发展的趋势。随着人工智能、物联网等技术的持续进步，数智化将在智能交通、智能家居、智能医疗、智能教育等更多领域展现出强大的变革力量。

三、数智转型的顶层设计

1. 数智转型的数字化基础

数据资源丰富。基于朔黄铁路公司多年的积累和运转，生产运营端、企业管理端的数据沉淀量较大。截至 2024 年上半年，公司数据信息总量约为 200 TB，其中国家能源集团铁路运输板块运输数据约 20 TB，线路检测数据约 100 TB（二代检测车预计每年新增 80 TB），其他数据约 80 TB，数据类型及格式包括文本、语音、视频、图像、CSV、XML 等多模态数据。基于重载综合检测车 10 年累积，拥有超过 1500 亿条检测数据。

管理者大力推动。数智化转型是一项挑战艰巨且周期很长的事情。决策层的支持是数智化改造的关键驱动力，它不仅有助于解决跨部门协作的难题，而且还能消除争议，推动转型顺利进行。数智化转型高度依赖自上而下地推进，只有这样才可能有效避免自下而上过程中可能遇到的无法解决的问题。高层管理者的支持能够为数智化改造扫清障碍，使项目得以高效实施。朔黄铁路公司的决策层高度重视公司的数智化转型，将数智朔黄的建设作为一项战略工作进行推进，并且多次在会议中对公司的数智化转型做出了具体的安排。

2. 数智转型“三层五化”总布局

朔黄铁路公司数智化转型在“点线面体域”的总体指引下，具体来看，通过在“站”和“车”、企业管理、产业发展等三个层次上提升数智化应用水平，最终实现数据要素化、管理智能化、决策科学化、运营体系化、模式生态化的数智朔黄目标。

三个层次体现在：“站”和“车”是公司实现数智转型的最基础落脚点，

是实现“点”上数智化的关键。企业管理数智化实现经营管控计划、按图运营计划、精益管理体系等核心管理方面的智能提升，实现的是业务流程数智化、业务数智化、经营数智化的“线”和“面”和“体”的提升，最终在产业层面引领整个行业的数智化转型，形成生态数智化，实现“域”层面的数智转型。

朔黄铁路公司以“融合之道”重构转型逻辑，以系统观念统筹“点线面体域”五层架构，具体来看也对应着数智朔黄的五大阶段性目标：一是通过数据要素化，实现管理和业务相关多维度数据归集、整治，形成朔黄铁路公司数据资产。二是通过管理智能化，实现能力和业务各个节点连接成线，建立数智驱动高效协同引擎。三是通过决策科学化，实现能力和业力各个节点依据不同维度管理要素连线成面，建立数智驱动各项工作协同联动引擎。四是通过运营体系化，实现数智驱动范围向外延展、向内深入，打造数智驱动型“经营体”。五是通过模式生态化，实现朔黄铁路公司与上下游、周边企业协同共赢生态域的建设，推动数智经济时代下“朔黄模式”的全面升级，如图 9-1 所示。

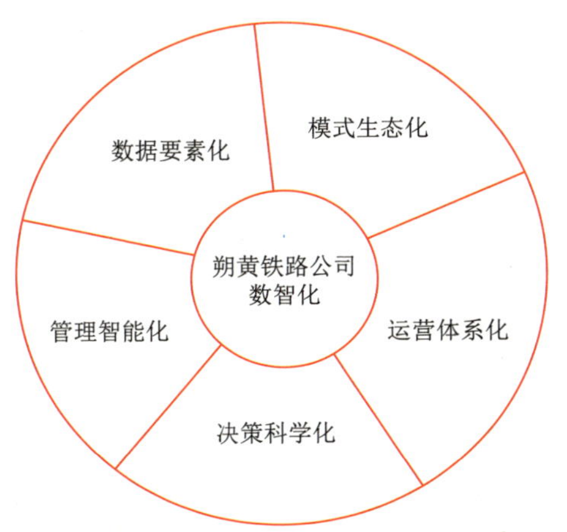

图 9-1　朔黄铁路公司数智化“五化”发展目标

第二节　数智化转型实施路径

习近平总书记指出："当今世界，信息技术创新日新月异，数字化、网络化、智能化深入发展，在推动经济社会发展、促进国家治理体系和治理能力现代化、满足人民日益增长的美好生活需要方面发挥着越来越重要的作用。"数智化建设在铁路行业中扮演着至关重要的角色，首先通过夯实数智基础设施，推动"站""车"、企业管理、产业发展层面的数智化建设，进而实现朔黄铁路公司的数智化转型。

一、构建数智基础设施：数据底座，全面互联

（一）建设统一的云计算平台

1. 配置计算资源，形成数据"一云多芯"运算能力

推进算力网建设，实现算力需求与国家能源集团枢纽节点算力资源高效供需匹配，统一算力和存储资源，实现高性能、高稳定、高可靠的计算处理，提供核心应用系统所需的多活中心，实现高效运营。建立统一的边缘数据中心建设标准，依托统一云管平台，强化云边融合，实现对边缘数据中心算力存储资源的统一纳管。

2. 构建云端算力，形成数据"一云多算"处理能力

"一云多算"的模式将普算和智算融合在同一朵"云"上，实现资源的高效整合和灵活调配。通过云计算平台，根据不同的业务需求，选择合适的计算模式。对于一般性的任务，采用普算资源，以降低成本和提高效率。对于复杂的智能任务，则调用智算资源，充分发挥其强大计算和分析能力。

3. 建设超级存储，形成数据"应存尽存"存储能力

为确保数据高质量存储，实现"应存尽存"的原则，建设超级存储系统。

以磁盘存储和高性能 SSD 作为热数据的存储介质与读写缓存，快速响应应用请求，为应用系统提供高并发、低时延的访问服务。同时以蓝光光盘作为主要存储介质，把低频冷数据进行长期保存，降低存储成本的同时保证数据归档存储的可靠性和安全性，实现冷热数据分级存储。

4. 构建中台底座，形成数据“一台多用”服务能力

数据中台底座是朔黄铁路公司数据管理和数据治理的基础架构。通过构建数据底座，公司全面打破了数据壁垒和孤岛，促进了数据共享共治和数据交易，提升了数据治理能力，加速了数字化转型进程。

（二）打造全面互联的网络基础设施

1. 建设全光网络，提供数据“一纤承载”畅通能力

实现光纤延伸到桌面，语音网、基础数据网、无线网等多业务网的“一纤承载”业务，规划公司骨干层网络带宽 80 Gbit/s，沿线车站各站点接入层网络带宽上行可达 1.25 Gbit/s，下行可达 2.5 Gbit/s，且可平滑演进到上下行 10 Gbit/s，以“云”到“端”的全光网络接入，保障数智基石网络的高速畅通、绿色节能。

2. 构建公专协同，提供数据“一网全程”感知能力

围绕 LTE-R 系统核心网技术，实现业务软件和硬件的全面解耦。未来逐步引入 5G-R、人工智能等技术，为重载运输提供更加安全、高效、绿色的网络生态环境。推进 5G 公网的全场景覆盖，搭建先进的重载铁路 5G 网络，逐步形成公专网协同发展的模式，为智慧重载铁路建设搭建高速率、广覆盖、深融合、智能化的数字基础平台。

3. 北斗高精度时空信息服务平台

建设朔黄铁路公司北斗高精度时空信息服务平台，利用智能化、信息化

手段，汇聚和管理高精度定位和精准授时基础数据、铁路电子地图数据和各业务场景数据等，形成位置数据资源池。结合云计算、大数据等先进技术，面向不同重载铁路业务应用场景，按需提供时空信息服务，实现铁路高精度时空信息的智能化应用，助力国家北斗产业的发展和创新。

（三）强化网络安全和数据安全保障能力

网络安全和数据安全保障是实现数智化转型基础设施中的基础。提升网络安全保障能力方面，完善规章标准体系，全面构筑企业安全屏障。推进网络安全能力整合，实现网络安全“挂图作战”。聚焦关键信息基础设施的攻防实战，靶场仿真提升防护能力。依托先进的网络安全攻防演练仿真设施和实际的网络对抗案例，建设铁路运输板块网络安全实战化测试靶场。提升数据安全保障能力方面，制定数据安全管理组织架构和制度，着力构建公司多层次、立体化的数据防护体系。设计涵盖日常运营、专家服务、护网保障等在内的工作流程，引导数据安全管理和技术人员以常态化模式开展数据安全运营工作。构建集数据采集、分析、风险监测、合规性审计于一体的集中化、联动化运营平台，通过可视化方式提升运营效率，降低成本，确保数据安全治理工作高效、有序、可视、可控。

二、“站”“车”数智化转型：数智赋能，协同发展

1. 列车的数智化转型

列车的数智化包括数智机务、列车装备的数智化和智能调度。

数智机务围绕机务工作运用和检修两条主要任务线，在机车和乘务员管理上深度融合，并深入探索机列协同在计划落实层面的智能化实现。在现有基础上加快推进运输安全系统、机车检修辅助等系统的建设，使机务管理更

加智能化、智慧化。同时，推进机车检修模型化进程，进一步缩短机车下线到检修适配的周期。

列车装备的数智化主要体现在硬件的提升上。一般来说，铁路运输企业常用的列车装备包括牵引机车、检测列车、运维列车等。牵引机车需要融合智能驾驶技术，采用同步操控技术、双源制电力机车、智能调车系统，并应用新一代铁路移动宽带通信系统。智能检测列车包括重载综合检测列车和智能隧道综合检测车，智能运维列车包括大型综合换轨机、智能捣固车、智能稳定车、智能打磨车、智能配砟车和智能清筛车等。

智能调度下可以自动部署机车分布、下达机车整备计划、按需拟定机车检修计划，提升机列协同效率。建设铁路运输综合智能调度平台，包括机车调度信息融合共享、调度计划智能编制、非正常行车运行知识库管理、列车运行智能调整、调度计划质量评估等功能。

2. 车站的数智化转型

以“集疏运一体化”“调度控制一体化”“室外作业少人化”的理念，将智能图像识别、智能传感器、物联网、人工智能、数字地图等先进技术，与车站运输作业进行深度结合，将5G通信、北斗卫星定位、自动驾驶等技术应用于重载铁路车站，实现车站运输生产作业向数字化、自动化、智能化的跨越式转型，减少现场作业人员，减轻职工劳动强度，降低作业安全风险，提升作业效率。

三、企业管理数智化转型：精益智能，数智强企

朔黄铁路公司全面推进改革强企和数智强企，坚持科学、精准、智能建设要求，纵深覆盖各级组织，聚力打造智能集约、规范有效、全面穿透的国企改革数智化管理能力，推动企业改革创新发展迈上新台阶。

1. 铁路运输业务管理的数智化

运输业务数智化管理的目标是运输感知全息化、安全卡控一体化、计划编制自动化、效益分析智能化。按图运营计划是朔黄铁路公司进行生产运输业务管理的主线计划，通过数字化，与其他计划有效联动。未来实现列车计划、货运计划、机车计划、施工计划、设备检修计划、大中修计划、更新改造计划等的自动编制。建立运输与施工运维联动机制，用运输数据辅助驱动计划编制，建立设备运用质量关系图谱，形成设备劣化趋势分析预判能力。全局性运输数据知识图谱可以对技术站运输组织状态进行实时分析判断，动态调整运输组织方案，保障运输组织工作最优化。

2. 经营管理的智能化

以项目计划、财务预算的联动为基准，驱动经营管控计划项目的派生，以项目的全生命周期管理为抓手，驱动计划落实和各个环节业务跨组织协同，实现经营管控计划相关岗位执行内容、执行标准的数智驱动，执行风险自动洞察、执行质量自动评价。

3. 精益控制的数智化

将重点任务事项通过清单明确下来后，运用信息管理系统，对任务的全生命周期进行全流程的追踪和把控。利用精益管理数智系统有力支撑“集团—公司—子分公司—中心站—班组”五级纵向贯通。在基层管理中，将班组、中心的年月表计划、施工配合、设备维修养护、人员培训教育、安全管理等工作进行系统化管理。实现工作计划自动分配、检修结果自动统计、工作总结自动生成、人员考核自动评定、作业风险自动识别等功能，通过短信、App 等移动端将工作任务直接下达到负责人，并在工作完成后实现工作结果和工作量的自动汇总。

四、产业层面数智化转型：统一标准，数据生态

从行业数据标准化体系建设和行业数智化公共服务平台两个方面引领产业层面的数智化。

建立统一的数据标准化体系，促进数据标准制订与应用，实现企业内外部数据互联互通，提高数据采集、分析、应用能力，完善数据要素市场化配置的技术标准和流程规范，解决数据交易过程中的隐私保护和交易安全问题，构建数据生态。未来，朔黄铁路公司将探索建设行业数智化公共平台，打造生态化的创新服务体系，实现铁路行业全链条的打通，打破时间与空间的限制，提高供需匹配率，通过提供铁路行业数智化诊断服务、政策咨询、案例分享等功能，为行业内其他企业提供一站式数智化转型服务，助力铁路行业数智化转型。

第三节 重载铁路数智化创新实践成效

一、重载数据要素化创新应用

（一）数据要素化实现方式创新：数据治理和数据交易一体化推进

数据要素化是一个动态发展过程，即运用“全面的、联系的、运动的”观点，把握数据特性及其价值运动规律，更好地发挥数据要素作用的过程。一般来说，数据要素化都是遵循先治理，后交易的思路，而朔黄铁路公司将治理和交易结合起来，实现交易和治理的双向促进，进而又带动数据要素化的实现。

1. 数据治理在数据要素化中的作用

标准化与规范化——数据治理的首要任务是制订统一的数据标准与规范，

确保不同行业间的数据能够无障碍交流。这包括数据格式、编码、质量、安全等多方面的标准化，为数据互联互通奠定坚实基础。

安全与隐私保护——在促进数据要素化的同时，要高度重视数据安全与隐私保护。数据治理要求建立完善的数据安全管理体系，采用加密技术、访问控制、审计追踪等手段，确保数据在传输、存储、处理过程中的安全可靠。

合规性管理——不同国家和地区对数据使用与流通有着不同的法律法规要求。数据治理需确保跨行业数据共享符合各项法律法规，避免违法违规风险，维护企业声誉与社会信任。

价值挖掘与利用——通过数据治理，实现多行业数据的深度整合与分析，挖掘潜在价值，为政府决策提供科学依据，为企业经营提供精准洞察，为消费者提供更加个性化、智能化的服务体验。

2. 数据“汇、治、用”治理体系

实现数据汇聚——构建分布式数据融合能力，开展全生产流程的实时、非实时业务数据采集处理，实现从数据源到数据湖的可视化配置开发、过程监控，形成大数据资源湖。增强数据采集功能，支持多源数据库数据接入，支持数据同步、数据补录、接口同步采集方式。

实现数据治理——依托数据治理工具开展数据登记、数据分类分级、数据目录、数据资源确权、价值评估、数据流通管理、数据运营管理，构建全域、全专业、全生命周期数据资产管理体系，实现数据资产化、价值化。基于现有业务应用场景，制订数据标准化管理制度和数据质量稽核规则，建立数据质量反馈整改机制，依托大数据治理平台数据治理模块，实现数据质量事前、事中、事后监督检查，形成企业规范、准确、可用的数据资产。

推动数据应用——加快数据服务建设，实现数据共享申请、审批、核备

的线上管理，规范共享渠道，加强共享过程监测；实现跨专业、跨层级、跨行业数据互联互通。

3. 数据内部虚拟交易协同推进数据治理

利用内部虚拟交易机制的设置，各个部门的用数需求可以在内部进行规范化的交易。一方面，实现了用数需求与用数供给的有效对接；另一方面，各部门也能发现本部门沉淀的数据价值，主动开展数据治理。朔黄铁路公司针对数据内部虚拟交易也建立了完整的管理规则。

内部虚拟交易的数据范围。内部数据交易是指以数据产品作为交易商品进行的以积分制规则或价值评估为基础交换数据使用权的虚拟交易行为。数据产品是一种产权可界定、可交易的商品，是内部数据虚拟的主要交易对象。数据产品可以分为原始数据和加工处理后的数据衍生产品（例如数据集、数据 API 等）。内部虚拟交易产品是指加工处理后的数据产品。

内部交易方式。一是数据库共享。适用于数据量大、需要保障实时一致性的场景。确保数据可查阅，但不可下载和复制。二是消息队列。适用于异步通信、系统解耦和处理突发数据的场景。三是 Web 服务。具有跨平台性和扩展性，确保数据可查阅，不可下载和复制。四是 API 接口。通过调用 API 获取特定数据，具有灵活性和可扩展性。五是数据流处理。使用数据流技术实现数据的实时交换和处理。六是数据仓库。通过数据仓库的查询和分析功能提供数据支持。

（二）“井”字型数据要素协同应用体系

朔黄铁路公司通过数据要素与岗位、生产作业过程、生产作业工具、生产作业材料相关各个生产要素融合，形成内协同、外驱动数据要素流通应用机制，挖掘出了数据要素在交通运输服务业和运输装备制造业之间的协同优化和复用增效价值，形成了“井”字型数据要素协同应用体系。

1. 横向产运销“端到端”数据建设煤炭运输业务场景

面向国家能源集团煤炭、电厂、运输、港口等企业，朔黄铁路公司整合集团产运销“端到端”数据，推动“井”字型数据要素协同应用体系的内协同“两横”中煤炭运输业务场景“一横”的建设，实现铁路运输组织过程人、财、物的精准匹配。

具体实现方式为向运输下游物资供应商提供数据服务，出售封装好的专业运管维数据、设备优化需求、物资供给需求等数据资产。在运输业务组织中，充分发挥数据对人、财、物等关键要素科学配置的支撑作用，实现线路风险隐患的早发现、早预警、早处置。

2. 数据要素横向内协同多式联运新型运输组织模式

实现公转铁、铁转航的数据驱动，提升多式联运运输效能，降低综合物流成本，是“井”字型数据要素协同应用体系的其中“一横”。

数据要素在其中发挥的作用主要体现在利用数据在不同运输主体之间的开放共享，解决“一单制”推行中标准不统一、信息不通畅等问题。建立数字货场，通过采集运输设备及作业的动态信息，为货场管理层、公司各级管理部门提供信息支撑和决策依据。通过一系列智能化算法和信息联锁机制，提升车站作业自动化水平和效率，提高作业安全性。

3. 车路网纵向驱动运输装备多模态数据融合

在路侧、车侧和网侧进行信息的互联互通。首先在路侧实现重点线路区段实时视频和报警信息传送上车，并与重载列车运行前方环境视频与列车位置、报警信息进行准确关联匹配。车侧发展基于垂直领域大模型的自动驾驶和机车精准定位，实现列车在无须人工直接操作的情况下的自动运行、控制和管理。网侧提升移动公网和其他新型通信技术的应用，保障信息及时、准确和有效地传递。

二、行业一体化铁路运营管控平台

生产管理过程中数据分散、系统繁多、模块功能融合性不高等问题是铁路运输行业的普遍性问题，利用信息化手段为运输调度指挥、施工安全管控、机列协同调度打造统一的应用平台，实现了铁路运输生产管控信息的一体化管理，形成了贯穿铁路运输业务的全景数据链条。朔黄铁路公司开发建设的一体化铁路运营管控平台融合 GIS 数据、调度监督实时区间、站场信息、天网实时视频、人员定位、施工电子围栏、列车防溜等功能，能够实现对机、列、货、施工、站、监控等实时信息的综合利用，真正实现了铁路运输生产管控信息的一体化。

一体化铁路运营管控平台运营后，朔黄铁路公司实现了列车全景监控、运量自动统计、重点车定位、施工信息联动、现场人员追踪、综合调监等 30 余项功能，在大幅提升工作效率的同时，实现 24 小时对现场列车运行情况的掌握，岗位间语音通信确认作业状态的工作量较以往减少 60% 以上。

三、探索铁路行业企业级 AI 应用

1. 打造铁路行业 AI 中台示范

AI 中台提供基础类中间件和数据库支撑，数据中台负责旧系统的数据入湖及入湖后的数据资源共享。AI 中台基于治理后的数据或者高质量数据进行智能分析，为数据中台提供算法服务。同时，应用产生的数据反馈至AI中台，为进一步优化算法提供业务需求和数据基础。

基于数智技术平台的AI统一调度与集中管理方面，打造不仅涵盖云计算资源、数据存储、APIs、中间件服务等基础设施的高效配置，还囊括安全控制、应用性能管理等高级功能的数字化指挥中枢。朔黄铁路公司通过先进的可视化工具和AI驱动的自动化引擎，实现资源的实时监控、智能调度、性能优化，以及安全策略的自动部署。通过统一的管理界面，可以实现资源的可视化监控、自动扩展、性能优化及安全策略的统一实施。

深入研究适合业务实际的AI算法模型方面，在吸收和改造国家能源集团通用算法模型的基础上，朔黄铁路公司紧密结合业务场景，针对性地优化机器视觉、语音识别、自然语言处理等领域的算法，并针对重载铁路行业的独特分析需求，积极探索并设计适应性更强的新算法。

2. 开发行业应用人工智能大模型

朔黄铁路公司将现有的结构化、非结构化数据，包括文本、图像、音频等进行清洗、标注和预处理，确保数据的准确性和一致性，与实际应用相结合，通过在不同场景的应用实践，不断改进和优化人工智能大模型，使其更好地满足实际需求，以应对铁路复杂多变的应用场景。

朔黄铁路公司应用人工智能大模型开发了AI任务识别助手。AI识别任务部署的核心目标是通过智能化处理公司文件，提升任务生成的效率和准确性。利用人工手动梳理和录入文件中的任务，不仅烦琐而且容易遗漏。而借助AI技术，连接OA办公系统与AI任务识别助手后，AI能够自动识别文件内容并生成相应的任务，包括任务名称、相关指标及文件信息，大大节省了人工录入时间，提高了任务生成的准确度。目前，系统的准确度已超过85%，并且正在持续优化，以更好地识别和适应国有企业或政府文件的表达习惯。

第十章
站车协同　动静结合：塑造“协同融合”新动能

“站”“车”是铁路运输企业实现运输服务的最基础要素，站、站所管辖的区间线路及附属设施是保障列车运行的核心区域，而列车则是移动的运输单元，分别承载着静态支撑与动态运行的核心职能，“站”“车”协同水平的高低直接决定着线路运输能力和服务质量的优劣。过去的“站”和“车”如同独立运转的机械零部件，按照严格的管理层级和固定分工，相关负责部门只需要按照“时刻表”完成规定工作，如同传统工厂的流水线，虽然各环节紧密衔接但是却缺乏有效的即时互动，在资源安排上更多的是被动接受而缺乏主动谋划。朔黄铁路公司以站筑基、以车赋能、价值共生重塑站车协同逻辑，既系统推进“站”“车”一体化，又统筹兼顾“站”“车”能力的分别提升。一方面，站具有静态锚定作用，铁路运输服务难以脱离固定的“铁轨”和相应的辅助设备，通过中心站整合、设备的智能化升级和设备之间系统关联能够有效提升运输服务的“底座”能力；另一方面，列车是会移动的生产线，通过重载技术升级、灵活编组、智慧运营等将“底座”的运输潜能转化为实际运力。最后，“站”“车”二者的协同绝非只是“物理联挂”，而是以“动静变”“车地网”等要素协同逻辑重构管理生态，包括数据驱动的虚实交互、流程再造的无缝衔接和资源适配的弹性动态。朔黄铁路公司的探索，正在系统性破除“站”“车”条块分割带来的低效，行车管理横纵协同联动、按图运营专业协同提升和全要素管控拓展信息共享空间等都显著增加了运输效率，提升了运输质量。

第一节 站：夯实协同底座

“站”是朔黄铁路公司战略落脚点之一，承担着强化基层组织，提升基础管理，夯实专业基本功的职能。车站是铁路运输的基本生产单位和开展货物运输的基础，也是连接“列车、线路、环境”的核心节点。“站”服务能力的高低一定程度上决定着铁路运输服务质量的优劣。中心站改革是朔黄铁路公司夯实“站”服务能力的核心举措。通过推动各生产管理要素在中心站内高效协同，真正做强基层，支撑车站运输生产作业向数字化、自动化、智能化的跨越式转型，有效提升区域化集成和专业化集中水平。

一、“站”在协同中的核心职能

“站”的协同作用贯穿于货物运输的全过程，影响着列车的运行效率和货物运输的周转速度。通过强化基层组织建设、提升基础管理、夯实专业基本功，“站”能够为“站”“车”协同提供坚实的基础和有力的保障。

1. 强化基层组织建设

一个高效、有序的站内组织架构是协同开展的基石。朔黄铁路公司通过中心站改革，打破专业壁垒，减少信息传递的层级，使指令能够迅速、准确地传达至每一位工作人员，确保在货物装卸、列车编组等关键环节上，各专业、各层级人员能够紧密配合、协同作战。同时，加强站内员工的培训与管理，提升团队协作能力。定期组织专业技能培训，使员工熟练掌握操作和应急处置办法，确保在高强度的工作环境下，员工能够保持高效、稳定的工作状态。开展团队建设活动，增强员工之间的信任与默契，营造积极向上的工作氛围。强化以履职能力为核心的人才管理体系，加大履职考核力度，通过激励员工积极工作，提高工作效率。

2. 提升基础管理能力

科学的按图运营计划是确保货物快速流转、通道高效运转的关键。朔黄铁路公司根据列车运行图、货物运输量以及装卸设备的能力等关键因素，制订详细、合理的按图运营计划，通过优化站内技术作业流程、减少列车等待时间以及对站内股道、信号、机车等资源的科学调配，使列车能够快速、顺畅地进出站，避免因站内调度不畅导致的列车滞留现象。建立高效的沟通协调机制，加强车站与机务、车辆、货运等部门之间的信息共享与协同配合，及时解决运输生产中出现的各种问题，确保各环节紧密衔接、高效运转。其中，与机务部门合作，确保机车和人员资源配比合理；与车辆部门合作，加强对列车车辆的维护和管理，确保列车的安全运行；与货运部门合作，优化货物运输组织和配送方案，提高货物运输的效率和服务质量。

3. 夯实专业基本功

在设备日常维修保养和提升方面，确保设备始终处于良好的运行状态，为装卸、接发列车等作业的高效进行提供可靠的设备支撑。同时，积极引入先进的信息技术、自动化技术，推动“站”“车”协同向更高水平发展。例如，通过建设智能货运站，实现货物的自动化识别、定位和跟踪，提高货物运输的信息化水平和管理效率。利用大数据分析技术，对运输生产数据进行深度挖掘和分析，为“站”“车”协同提供科学决策依据，优化运输组织和资源配置。推广应用新能源设备和节能技术，降低车站的能源消耗和环境污染，实现铁路货物运输的可持续发展。“站”还需要不断优化站内设施和布局，以适应不断增长的货物运输需求。通过合理规划站场空间，增加货物存储面积和装卸设备数量，提高车站的货物处理能力。同时，“站”还需要加强与周边物流枢纽和产业园区的衔接，构建更加完善的物流网络，实现货物的快速集散和高效运输。

二、“站”的协同作用发挥方式

一方面体现在日常的运营管理中，也就是与“车”有效配合，嵌入到货物运输的全过程，另一方面体现在朔黄铁路公司所运营的朔黄铁路途经区域的自然环境恶劣，更加需要强化“站”对突发情况的应急处置能力和特殊任务的完成能力。

1.“站”在不同运输环节的作用

“站”的具体工作内容涵盖了从货物接收到发运的每一个环节。

在货物接收阶段，具有相应任务的“站”需要与托运人紧密合作，确保货物的准确无误和及时入库、上车。主要工作包括对货物进行严格的检验和核对，确保货物的种类、数量和质量符合运输要求。同时，“站”还需要为货物提供适当的存储条件，根据不同货物的特性和运输要求，安排合适的仓库和存储位置，确保货物在存储过程中的安全与完好。

在货物装卸阶段，具有相应任务的“站”需要精心组织和管理装卸作业。通过科学的装卸计划和合理的人员调配，确保装卸作业的高效进行。装卸设备的操作人员需要经过严格的培训，熟练掌握设备的操作技能和安全规范，确保装卸作业的安全和高效。同时，“站”还需要加强对装卸过程的监督和管理，及时发现和解决装卸过程中出现的问题，避免因装卸不当导致的货物损坏和运输延误。

在列车编组阶段，承担编组任务的“站”需要根据列车的运行计划和货物的运输要求，进行科学合理的编组作业。通过对货物的分类和整理，将不同种类、不同目的地的货物进行合理地搭配和编组，提高列车的运输效率和经济效益。同时，“站”还需要加强对编组作业的调度和指挥，确保编组作业的顺利进行，避免因编组不当导致的列车晚点和运输混乱。

在列车发运阶段，“站”需要与列车调度部门紧密配合，确保列车的准时发车。通过对列车运行时刻的精确掌握和对站内资源的科学调配，为列车提供快速、顺畅的发车条件。同时，“站”还需要加强对列车发运过程的监控和管理，及时处理发运过程中出现的各种问题，确保列车安全、准时地离开车站，进入铁路运输网络。

2.“站”在突发情况和特殊情况应对中的作用

“站”的协同作用不仅体现在日常的运营管理中，更在应对突发情况和特殊任务时展现出强大的韧性和适应性。当遇到自然灾害、设备故障等突发状况时，“站”能够迅速启动应急处置方案，组织各方力量进行抢险救灾和设备抢修，确保运输通道的尽快恢复。快速反应和高效处置能力的形成，离不开“站”平时对应急管理机制的建设和对员工应急处置能力的培养。通过定期开展应急演练，模拟各种可能的突发情况，使员工熟悉应急处置流程，掌握应急救援技能，确保在关键时刻能够拉得出、顶得上、打得赢。同时，“站”还注重与地方政府、兄弟单位以及社会救援力量的协同配合，建立健全应急联动机制，形成应对突发事件的合力，共同保障铁路运输的安全畅通。

在特殊任务面前，“站”同样能够发挥其协同优势，圆满完成各项艰巨任务。例如，在国家重点物资运输、抢险救灾物资调配等任务中，“站”能够迅速调整运输计划，优先保障重点物资的装卸和运输，确保物资能够及时、准确地送达目的地。“站”通过加强与发货单位、收货单位的沟通协调，了解物资的特性和运输要求，制定个性化的运输方案，为特殊任务的顺利完成提供有力支持。同时，“站”还加强对运输过程的监控和管理，及时解决出现的问题，确保运输任务的安全、高效完成。

第二节　车：激活协同潜能

作为朔黄铁路公司科技创新、产业控制与安全支撑能力的集中承载，“车”是释放线路和设备等基础设施运输潜能的关键，更是保障能源运输稳定供给的核心支撑。为充分挖掘重载列车的运行潜力并确保其安全可靠运行，公司通过持续技术攻关形成了万吨、1.6 万吨、2 万吨、3 万吨级重载列车产品谱系，成为全球重载运输领域的技术领先者之一，将产品技术创新能力转化成为产业控制和安全支撑的能力。通俗来讲，列车也可以被看作是运输服务产品的可移动生产线，通过每列机车都配备自主感知、智能调控的“决策大脑”，叠加智能化的行车组织体系，才可能最大程度发挥“产品生产”能力。

一、“车”的内涵和类型

列车是按照规定条件编成并挂有机车等动力车及规定列车标志的车列，是铁路完成任务的主要形式，铁路货物运输都按列车办理。主要包括机车和车辆两大部分。

（一）铁路机车的主要类型

铁路机车作为列车的牵引动力，在轨道上驱动列车前行。机车配备有动力装置，以及传动机构、制动装置、转向架和车体等关键部件。一般来说，铁路机车根据动力源的差异，可以分为内燃机车、电力机车。根据传动方式的不同，可以分为交流机车和直流机车两类。电力机车具有功率大、速度快、过载能力强、牵引力大、整备时间短、运营费用低和运行可靠等优点，而且不污染环境，特别适用于运输繁忙的铁路干线和隧道多、坡度大的山区铁路，因此电力机车也越来越多地被作为实现铁路领域碳达峰、碳中和工作的重要装备。2023年全国电力机车占比65.3%，国家铁路局在《推动铁路行业低碳发展实施方案》中明确，到2030年铁路电力机车占比力争达到70%以上。

朔黄铁路公司使用的主要机车类型包括“国能号”大功率交流电力机车、新型智能重载电力机车和直流电力机车等。截至2024年12月底，朔黄铁路公司可支配机车近400台，电力机车占比接近90%。其中，“国能号”大功率交流电力机车用于牵引2万吨重载列车，具有高效和节能的特点，也是公司服务重载货物运输，实现“多拉快跑”的大国重器。这些机车不仅提高了朔黄铁路公司的运输效率，还极大地减少了汽车运输带来的环境污染，为我国的“西煤东运”提供了重要的交通保障。

机辆分公司作为朔黄铁路公司的机务单位，主要担负着朔黄铁路运输任务，负责自管机车的运用、维修管理以及联运单位机车运用的综合管理。机辆分公司业务包含四个专业，即机务运用（包含机车整备）、机车检修、机车监控和综合保障。机车乘务员培训管理也是机辆分公司的一项重要功能。机车乘务员是铁路运输中的关键角色，通常被称为火车司机，主要负责驾驶机车完成铁路运输任务及其相关作业。他们的具体职责包括：①驾驶操作。根据列车运行图和铁路相关制度，操纵铁路机车牵引列车，确保列车安全、准时地完成运输任务。②监控与控制。在驾驶过程中，机车乘务员需要观察轨道、信号、接触网的情况，监控周围环境是否异常，并确保列车运行监控记录装置（LKJ）的数据与实际一致，以了解列车运行的位置和线路的几何形位。③故障处置。负责处置机车的临时故障修理，确保列车的安全运行。④能力提升。定期参加培训学习，不断提高业务技能，以应对工作中的各种挑战。

（二）铁路车辆的主要类型

铁路车辆通常不具有动力装置，需要和铁路机车共同配合才能正常行驶，车辆一般包括客车和货车。货车以货物为主要运输对象，按用途可分为通用货车和专用货车。通用货车是指适用于运输多种货物的车辆，如敞车、棚车等。专用货车是指运输某一种货物的车辆，如保温车、罐车、散装水泥车、双层运输汽车专用车等。从全国铁路来看，货车是目前铁路车辆的主要类型，全国铁路客车拥有量为 7.84 万辆，而全国铁路货车拥有量则达到 100.5 万辆，其中大部分由国铁集团拥有。货车是朔黄铁路公司的主要车辆类型，尤其是重载货物车辆的占比较高。在实际运营中，为节约成本和提升效率，朔黄铁路公司集中通过租赁等方式来实现车辆资源的统筹应用。

二、“车”的协同作用发挥方式

（一）智慧化的“车”

1. 基于机车状态的状态修

与其他重载铁路线相比，朔黄铁路线面临更加艰苦的自然条件，在机车维修保养中需要更大投入。实现机车维修模式由目前的“计划预防修”向“基于机车状态的状态修”模式转变，能够有效提升运行效率，同时降低维修保养投入。基于机车状态的计划预防修建立在列车状态的自感知和自决策基础上，并进一步推动检修基地的智能化提升和机车质量管控体系一体化。

（1）机车状态的自感知和自决策。

对于机车智能运维，朔黄铁路公司研发机车车载运行安全监测系统，建设轨旁在线监测及健康管理系统，实现机车运行状态全面监控；研究构建电力机车故障预测与健康管理技术体系和管理系统，实现整车、关键系统和关键部件故障预测和健康管理；集成机器人、三维逆向重构系统、机器视觉技术与增材修复技术，研究应用智能增材修复装备、修复技术和自动缺陷辨识技术；建设基于构型的交互式电子技术手册；建设机车智能运维数字孪生系统，通过多维数据信息的智能监测与虚实映射技术，实现虚拟模型与物理实体状态信息时空、逻辑自洽，基于知识经验与应用场景开发数字孪生体模型，实现电力机车运维的三维可视化、建模和仿真。

（2）检修基地的智能化提升。

机车货车运行状态和健康状况能够与检修基地之间实现联动，经过智能化提升的检修基地能够主动根据机车实际状态匹配相应的资源和制订相应的检维修计划，并在机车进入检修基地后开展自动化、智能化的作业。

智能化检修基地围绕机车质量全生命周期管理，对检修“人、机、料、法、环”全过程进行系统重构，逐步实现生产流程自动化、维护设备智能化、生产决策智慧化。通过运用电气检修线、机械配件检修线、入库综合检测、智能整备机器人等先进工装设备，推动检修作业由“人控”转为“机控”。深挖检修数据价值，探寻机车关键部件、系统质量寿命变化规律，为机车精准施修提供评估决策依据。

在推进检修基地智能化提升过程中，公司也形成了一系列研发技术成果，例如量值检修系统、自动吹扫设备、车底智能机器人等技术成果，大幅提升机车部件检修的自动化程度。双轴不落轮车床、相控阵探伤设备、制动检修线等技术，实现检修作业提质增效。

（3）机车质量管控体系一体化。

朔黄铁路公司体系化流程化梳理机车质量管控的措施，形成覆盖“机车制造/大修、运用、检修、故障整治、准出”五位一体质量管控体系。具体包括以下做法。

强化源头质量管控。从源头提升机车质量管控水平，建立源头质量问题及极寒天气质量问题清单。坚持问题整改与根源整治紧密结合，推进机车惯性故障攻关，“围歼”机车临碎修故障，全面确保机车设备质量稳定可靠。优化质量跟踪与反馈机制，建立机车故障反馈流程，提升厂修机车检修质量。

系统化完善技术标准体系。结合重载机车、配套设备运行工况、使用条件和检修作业方式，动态完善技术标准体系，提升标准的先进性和适用性。系统梳理并借鉴国标、行标、企标，补充修订完善标准性技术文件及技术条件，形成科学规范的重载机车、设备检修标准。

建立应急处置体系。为了能够让机车在发生突发情况时的应急处置有据可依，朔黄铁路公司针对不同车型制订了电力机车故障处理办法。

用“透视之眼”探出设备安全隐患。机车走行部是机车最重要的部件之一，一旦发生故障，轻则造成列车途停救援，重则车毁人亡，因此朔黄铁路公司把“机车走行部大部件折、裂”定为机务部分安全红线。机车探伤工的主要任务就是通过磁粉、超声、渗透等探伤形式，对机车走行部、车钩、缓冲器等重要部件进行疲劳损伤检测，确保机车牵引力传递部件、机车走行部等重要部件良好，是保障机车走行部安全的一个铁路特殊工种。2002 年 5 月起，机车探伤工已完成了机车探伤 7900 余台，发现隐患 9300 余件，以独特方式守护着朔黄线机车的安全。

2. 探索重载列车无人驾驶

重载列车的无人驾驶是指在无需人工直接操控的情况下，利用先进的技术手段使重载列车能够自主完成启动、加速、减速、制动、巡航、调度、停靠等一系列运行操作。重载铁路无人驾驶难点更多、难度更大，表现在：轨道限制与复杂性、长大距离与信号传输、巨大惯性与制动距离、编组长度与协同控制、高负载与动力系统复杂性。

朔黄铁路公司系统解决列车运行前方线路状态瞭望，车机联控进路信息的获取，以及非正常应急处置的问题，并对列车、线路、天气、外部环境等全态势感知，确保无人驾驶运行安全。一是实现车地协同。推进360环视、超视距等技术全面应用，利用沿线“天网”视频、机车车载视频、异物侵限报警、列车接近防护预警、CTC列车进路信息等数据实现无人驾驶车地协同感知。二是远程控车。完善机车自动唤醒、LKJ智能控制、自动换端等关键设备智能控制功能。建设机车远程操控中心，实现无人驾驶远程监测、远程控车。三是打造智慧机车。深入研究交流机车PHM等关键技术，对机车状态监测、故障精准诊断分析提出维修决策建议。推广机车远程监测与诊断装置应用，实现机车设备故障导向安全功能和故障自愈功能。

（二）智慧化行车组织体系

铁路运输效率的提升不仅依托于不同运输形式下的车流调整，更需要精准的运输调度协同推进。朔黄铁路公司基于对设备运行客观规律、生产组织客观规律的遵循，构建出以经营管控计划、按图运营计划和精益管理体系为基础，以AI数智化系统辅助分析决策，涵盖一体化全流程的车流组织、编组规划和运行质量监测的精细化管控体系。

1. 基于设备、生产组织客观规律的“按图运营”工作

各项运输组织及工作安排坚持以标准化作业的同时，需时刻关注人、车、设备的联动关系，在复杂路网环境下，从单元列车编组到复杂编组列车开行，更需加强多方协同、精准联动以实现车流组织高效协同的需要。

铁路行业将列车计划制作成运行图，将与运输生产有关的车、机、工、电、辆等主要工种岗位的生产要素、生产标准和生产条件等都明确在这张图上。过去按图行车的范畴主要包括与生产一线紧密相关的生产单元，朔黄铁路公司在此基础上进行拓展，提出按图运营。通过科学地按图运营计划预先安排各项工作，提高工作效率。即除按图行车外，还将人、财、物、后勤保障等所有要素纳入其中，朔黄铁路公司的所有工作都围绕这张图展开实施，实现高效协同、创造效益、提高效率、降低成本。

2. 智能化车流组织和编组规划体系

朔黄铁路公司将一体化车流波动态势与各卸车点、站场设备实时运行状态相融合，发挥“亚洲最大两万吨编组站”——神池南站的“海绵”效应，随时根据车流调整列车编组方案，既有长大编组 2 万吨重载列车密集开行，也有万吨、单元编组列车穿插调整。通过大模型及科学化辅助工具将不同运量情况下的设备能力、施工及物资配套情况和内外部市场变化等信息合并纳入车流组织范畴内，衍生出多种不同运输形式下的车流组织方案，测算不同编组结构开行模式下的运输运营成本，精准分配资源，以系统建设和各类模型搭建，助力朔黄铁路公司稳健运营。

通过综合评估各车站设备配置与作业能力，选择经济性与可操作性兼备的编组方案。智能协同的列车编组规划体系将车流组织与货站资源、区段设备资源利用有机结合，为列车运行图的精准铺排奠定基础。

3. 精细化的列车运行协同控制

搭载北斗定位的机车、车辆、全运行管段的“天网”视频监控和“一人一卡”的人员安全定位保障等多种科技化、信息化、可视化载体的运输辅助载体，能够及时识别和分析人员、机车车辆的实时位置及状态情况。

各类实时数据为行车指挥、车流调整工作提供有力抓手，通过定点上报数据提供阶段性车流分析，为后续阶段性货流预测、组织方案提供可靠数据支撑。在朔黄铁路公司建设数智化运输组织模式的发展过程中，数据要素为精细化行车、科学化管理、协同化作业等方面提供了精准导向和决策依据，通过将全运行管段运输活动纳入统一时空坐标系，根据运输需求精准匹配机车车辆路径、调配人员设备机具，确保运输资源高效利用，形成运输组织、资源调配和精益运营的闭环管理体系。

第三节　按图运营“站”“车”协同

一分部署，九分落实。抓落实，是一切工作的归宿。为推动战略和运营的高效契合，朔黄铁路公司提出立足基层、基础、基本功，抓实现场、现实、现在的管理思路，围绕“车”这一货物运输的主要工具，实现了单元万吨到3万吨级的里程碑式跨越，并深入推进“按图运营”精益管理模式在中心站的落地生根，通过构建紧密联系、协同高效的“站”“车”协作体，强化站车联动，协同提质增效，有效支撑朔黄铁路公司新质生产力的构建。

一、“站”“车”协同的主要做法

“站”“车”协同是指将列车的安全运行、中心站整合、设备的智能化升级和设备之间系统关联形成的运输“底座”潜能转化为实际运力。“站”“车”二者的协同绝非只是“物理联挂”，而是以“动静变”“车地网”等要素协同逻辑重构管理生态，包括数据驱动的虚实交互、流程再造的无缝衔接和资源适配的弹性动态。这种协同不仅涉及技术设备的优化，还包括运营管理、安全管理等多个方面的协同管理。从技术层面看，车和站是综合体，两者相互支撑，车是基础设施，站是保证列车运行安全和提高运输效率的基础平台。从安全层面看，如果线路质量不达标，那么可能造成列车运行的问题，站是保证列车运行安全的基础。朔黄铁路公司“站”“车”协同的主要做法体现为“三个聚焦”：一是聚焦行车管理，加强横纵协同联动；二是聚焦按图运营，加强专业协同提升；三是聚焦全要素管控，拓展信息共享空间。

1. 聚焦行车管理，加强协同联动

一方面，构建站、车一体化运营管控新模式，集约调度、车站、应急值守、远程控制等行车指挥业务，创建调度集中 + 车站集控 + 综合检测 + 无人驾驶 + 远程监控 + 应急值守运输新模式。推进全线 CTC、综调系统的列车运行径路信息、临时慢行信息、临时调度命令信息向 ATO 传输。实现列车自动识别运行进路信息，控制列车安全运行。另一方面，中心站侧重对任务规划与安全把控，实现协同作业。充分发挥各专业一体化管理优势，将党的建设、生产管理、施工管理、安全管理条块结合，加强专业间风险联控、整治联动，对电务微机监测、专家诊断系统、工务动态分析、TQI 指标、供电 2C、4C 数据分析及车务行车组织、不安全行为等综合监控，管控好变化因素，保证运输计划与施工计划、维修计划、巡视计划、物资计划等协调联动、高效兑现。

2. 聚焦按图运营，加强专业协同提升

精准设计并实施按图运营计划。建立按图运营“年轮廓、月平衡、周调

整、日追踪”工作机制，健全设备供应和人员运用响应机制，合理铺排修程计划。按照日追踪、周调整的方式做好机车和人员动态匹配，逐步探索推行直流机车 2400 公里、交流机车 3600 至 4200 公里整备，进一步释放整备能力，形成以神池南、黄骅港为主，肃宁北为辅的机车整备新布局。神池南中心站针对到发线使用紧张的问题，建立发车最优车流结构方案，推算最优接车阶段计划，通过协调 C64、C70 万吨每小时集中到达不超过 3 列、日均组织 6 列普列连续到达编组万吨列车开行、大新方向日均组织 4 列空重车成对到达等举措，平均压缩到发线占用时间约 420 分钟。

加强机车效率等专项分析。围绕机车全周转时间、机车运用台数两个核心指标，开展按图运营专项写实分析，确保科学投用与运量匹配的机车台数，调配乘务员班数，实现人机高效匹配。通过保有量分析，及时对黄骅港增加 1 台内燃机车调车机，减少交流机车环线周转和转场转线作业时间，月均压缩机车在港折返时间 21 分钟。

推进自动驾驶应用，实现减人增效。制订自动驾驶机车乘务员运用方案，按照“1 名司机 +1 名学员”的配班标准，担当朔黄东线值乘任务。

3. 聚焦全要素管控，拓展信息共享空间

“站”“车”协同全要素管控涵盖运输活动中的动态要素整合与静态资源优化，具体包括三个维度：在运输计划层面，通过货流和车流预测与运行图智能匹配，实现装车需求、机车配属、股道占用等信息的实时联动，动态调整列车开行方案；在作业执行层面，依托车地网数据传输系统，对列车位置、设备状态、线路环境等数据进行融合分析，建立从机车出库、列车编组到终到解体的全过程可视化监控链条；在安全保障层面，整合车载安全监测装置与车站智能巡检设备，构建列车运行异常状态分级预警机制，同步完善各类

应急协同处置预案，确保人机环管各要素始终处于受控状态。

科学匹配机列衔接。在各技术站打造高效联动透明站车平台，增派驻机车计划值班员。比如，在神池南派驻机车计划值班员驻站，建设透明站车平台，神池南Ⅰ场机车到达入库平均用时93分钟/台，同比压缩32分钟。压缩机车到达入库时间与出库时间，建立机车出库至发车超时预警机制。逐步推行“不整备机车在站折返”措施，压缩机车在两端技术站折返时间。截至2024年12月，机车外段停留时间同比压缩0.1小时，平均全周转时间同比减少0.2小时。同时针对机列衔接及指标评价分析不足等问题，与机务折返段、列检、列尾等单位共同构建“机列衔接看神池”运输品牌，纳入党建联合共建攻坚项目，通过“六位一体”数智赋能，形成站机衔接数据库，构建车站运量与机车保有量联动模型、发车接续时间与机车挂车列数匹配模型，建立叫班计划、发车计划预告等联动机制，实现机、列全流程模块化管控，目前已完成各作业环节共40项数据的串联。

推行站车常态化沟通模式。建立两端技术站联络系统会议，按照日反馈、周联系、月总结的常态化沟通模式，通过共享信号问题、线路晃车、LTE闪红、车辆漏泄等信息，各专业联合攻关整治，有效减少全年相关问题的发生件数，实现数据、故障信息共建共享，保障运行安全可靠。

二、“站”“车”协同取得的成效

朔黄铁路公司聚焦站车联动，加强车、机、工、电、辆、供电等专业协同，深化“动、静、变”内在逻辑及风险防控研判，建立各专业信息共享机制，实现数据信息共建共享。

1. 显著提升了运输效率

一方面，机车运用效率提高。通过优化列车运行图和站车作业组织，减少列车等待和停留时间，提高运输效率，并通过加强乘务员业务培训，利用仿真模型和数据建模提升其操作能力，使乘务员不断优化操控操作技术，机车效率指标显著提升。2024 年与 2023 年相比，平均全周转时间缩短 1.3 小时，日车公里增加 18.1 公里，日产量增加 12.3 万吨公里，平均牵引总重增加 105.5 吨，旅行速度和技术速度也有所提高。在完成相同运量的情况下，月均用机同比减少 7 台，人车公里提升 12.8 公里（636 公里到 648 公里），有效降低运营成本。另一方面，整备作业效率提升。自开展直流机车分级整备以来，一级整备平均用时 69.5 分钟，较图定时间（150 分钟）压缩 80.5 分钟，效率提高 53.67%。

区间通过能力增强。采取了一系列措施提升区间通过能力，如始发站实行 2 万吨列车间发制，避免了列车连发造成的停车问题，降低了 2 万吨列车区间停缓率。截至 2024 年 12 月，2 万吨列车停车缓风率同比下降 2.5%，有效提高了铁路运输的通过能力，保障了运输的流畅性。优化操纵策略管理，加强对长大下坡道区段天窗点后第一、二列发车和始发列车达速提醒，加大区间运行达速分析力度，未达速列车逐个落实、逐个整改；优化发车作业流程，确保车站信号开放列车正点发车；结合仿真数据持续优化操纵策略，提高技术速度。利用自动驾驶半实物仿真平台，制订乘务员操纵指导意见，有效压缩通过慢行运行时间，提升区间运行效率。

2. 提升质量，明显增强安全保障的有效性

设备安全性能提升。通过设备维护和专业协同工作，设备安全性能得到显著提升。2024 年通过开展设备质量整治，降低了机车临修停时，机车设备故障率大幅下降。同时，在“站”“车”协同过程中，通过对线路、通信、供电等设备及时有效进行监测和维护，减少设备故障影响，各专业设备在 2024

年较 2023 年在动态偏差、故障报警等方面都有明显改善。

安全管理体系完善。建立安全风险防控、应急处置等完善的安全管理体系。中心站围绕分公司月度监督工作清单，开展常态化监督工作，结合安全管理理念和相关提示函，辨识周工作任务的风险及安全隐患，并制订针对性卡控措施。强化非正常处置能力，优化完善机车乘务员应急故障处理办法和应急指挥管理流程，确保在非正常情况下能够快速安全开通区间，全年非正常发生件数同比下降 9.23%，故障延时同比减少 9.7%。

第十一章 继往开来 扬帆奋进：加快打造现代新国企

国有企业在推进中国式现代化进程中承担着新使命，打造创新领先、功能突出、治理高效、充满活力的现代新国企是深化国企改革的重要目标之一。作为国务院国资委创建世界一流专业领军示范企业中唯一一家铁路企业，朔黄铁路公司全面贯彻落实党的二十届三中全会精神，以发展新质生产力为重要抓手，用好全面深化改革这个“关键一招”，在全面建设成为世界一流专业领军示范企业之后，面向更远的未来，突出发展新质生产力和构建新型生产关系两条主线，以一场引领思想之变、治理之变、质效之变、转型之变的全面改革，将朔黄铁路公司打造成重载铁路行业全面深化改革的示范区、引领者。

历史的演进从不眷顾旁观者，唯有奋进者能定义新时代的坐标。从智慧重载的原创技术突围，到融合之道的管理哲学升维，朔黄铁路以九大新动能体系构建回应全面深化改革“为了谁”“依靠谁”“我是谁”三个时代之问，在能源变革与数字革命的碰撞中，走出一条融合共生、数智驱动、精益创效的中国式重载铁路现代化之路。朔黄铁路公司的探索实践证明：一家传统国有企业的转型，不仅能突破传统能源困局，更能以系统观念的东方管理智慧，为全球重载铁路发展贡献“中国方案”。未来的朔黄，必将在历史逻辑、实践逻辑与创新逻辑的共振中，续写更壮阔的答卷。

第一节　新质生产力培塑新格局

新质生产力以其高科技、高效能、高质量的特性，成为契合新发展理念的先进生产力典范。加快发展新质生产力，事关中国式现代化建设全局。从“生产力”到“新质生产力”，蕴含着深刻的内涵演变和明确的目标指向。朔黄铁路公司积极探索符合自身特点的新质生产力发展之路，围绕一个目标，突出发展新质生产力和构建新型生产关系两条主线，努力创建高质量党建引领下的世界一流专业领军示范企业。

一、朔黄新质生产力的内涵

理解朔黄铁路公司新质生产力的内涵，首先需要掌握新质生产力的基本特征。习近平总书记指出，新质生产力由技术革命性突破、生产要素创新性配置、产业深度转型升级而催生，以劳动者、劳动资料、劳动对象及其优化组合的跃升为基本内涵，以全要素生产率大幅提升为核心标志，特点是创新，关键在质优，本质是先进生产力。根据习近平经济思想研究中心的研究，新质生产力以劳动者、劳动资料、劳动对象及其优化组合的跃升为基本内涵，具有强大发展动能，能够引领创造新的社会生产时代。[①] 其中，更高素质劳动者是新质生产力的第一要素。人是生产力中最活跃、最具决定意义的因素。

① 习近平经济思想研究中心，新质生产力的内涵特征和发展重点，人民日报，2024 年 3 月 1 日。

发展新质生产力，既需要引领世界科技前沿、创新创造新型生产工具的战略型人才，包括顶尖科技人才、一流科技领军人才和青年科技人才，也需要熟练掌握新型生产工具的以卓越工程师为代表的工程技术人才和以大国工匠为代表的技术工人。更高技术含量的劳动资料是新质生产力的动力源泉。生产工具的科技属性强弱是辨别新质生产力和传统生产力的显著标志。新一代信息技术等融合应用孕育新型生产工具，解放劳动者、拓展生产空间。工业互联网、工业软件等非实体形态生产工具丰富了生产工具的表现形态，促进制造流程智能化，推动生产力跃上新台阶。更广泛的劳动对象是新质生产力的物质基础。劳动对象是生产活动的基础和前提。科技创新拓展劳动对象种类和形态，人类获取物质能量手段更先进，还创造新物质资料并将其转化为劳动对象，如数据作为新型生产要素成为重要劳动对象，既直接创造社会价值，又通过与其他生产要素的结合、融合进一步放大价值创造效应。

朔黄铁路公司新质生产力既是新质生产力在铁路领域的实践，也是在铁路领域形成和发展的先进生产质态。具体而言，公司新质生产力需要从驱动因素、特征表现、发展内容、实现路径和配套机制五个方面来全面理解，如图 11-1 所示。

三大驱动因素——从驱动因素来看，新质生产力主要由智慧重载、“车、站、人”等要素重塑和综合运输物流三大因素催生。智慧重载代表着科技创新，通过先进的技术手段提升铁路运输的效率和安全性；“车、站、人”等要素重塑体现了生产要素创新性配置，优化人力资源和其他相关要素的组合，以提高运营效率；综合运输物流则代表产业变革，推动铁路运输与其他物流环节的融合，实现更高效的综合运输体系。

三大主要特征——在特征表现方面，新质生产力发展遵循新发展理

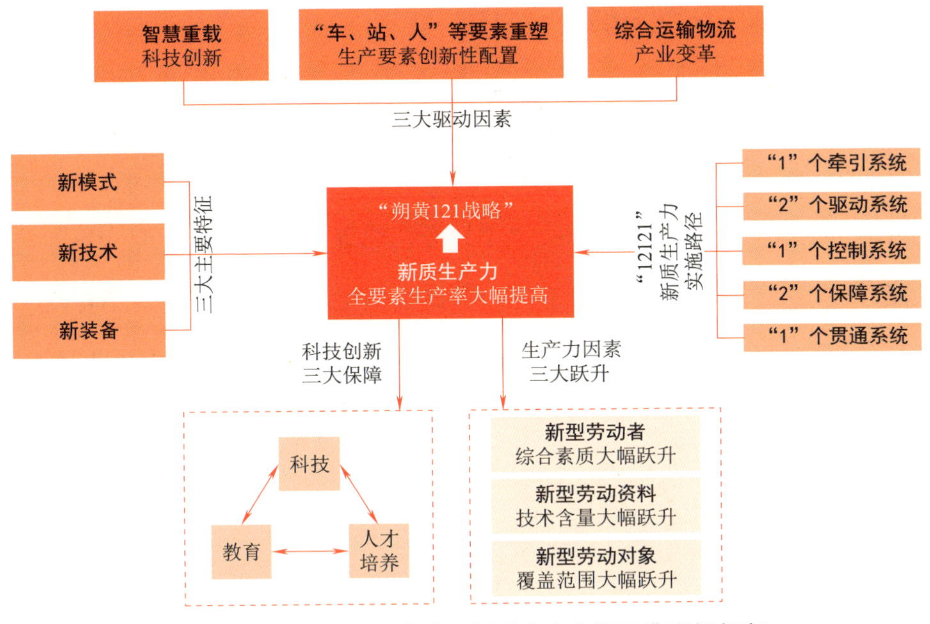

图 11-1 朔黄铁路公司新质生产力的五维理解框架

念，具有新模式、新技术、新装备三大特点。新模式意味着创新运营和管理模式，以适应市场需求和提高竞争力；新技术则是不断引入和应用前沿科技，提升铁路运输的智能化水平；而新装备的采用能够提高运输能力和服务质量。

生产力因素的三大跃升——在发展内容上，新质生产力发展致力于推动新型劳动者、新型劳动资料、新型劳动对象的跃升，以及三者的优化组合。新型劳动者需要具备更高的技能和素质，以适应新技术和新模式的要求；新型劳动资料包括先进的铁路设备和技术系统，提升运输效率和安全性；新型劳动对象则涉及更高效的物流运输对象和服务对象。

新质生产力的实现路径——确立“12121”新质生产力实施路径即通过一个牵引系统、两个驱动系统、一个控制系统、两个保障系统、一个贯通系统，促进公司的资源整合和流程优化，实现铁路运输的转型升级和创新发展。

二、朔黄新质生产力的形成逻辑

习近平总书记强调，要以科技创新引领产业创新，积极培育和发展新质生产力。朔黄铁路公司坚持以问题为导向、以需求为牵引、以科技创新为动力，围绕打造现代新国企这一重点改革任务，通过自主创新、产业变革、平台赋能、人才集聚、治理现代等五方面，持续催生新型劳动资料、孕育新质劳动对象、培育新型劳动者，如图 11-2 所示。新型劳动资料、新质劳动对象、新型劳动者之间是相互影响的，三者间的优化组合也会带来新的革命性的变化，从而形成新产业、新业态、新模式，形成新质生产力。新质生产力的培育形成，则进一步引发生产关系的变化，即产生新的组织管理模式、新的体制机制等新型生产关系，这种关系的改革与完善，也会反过来作用于新质生产力的不断发展。

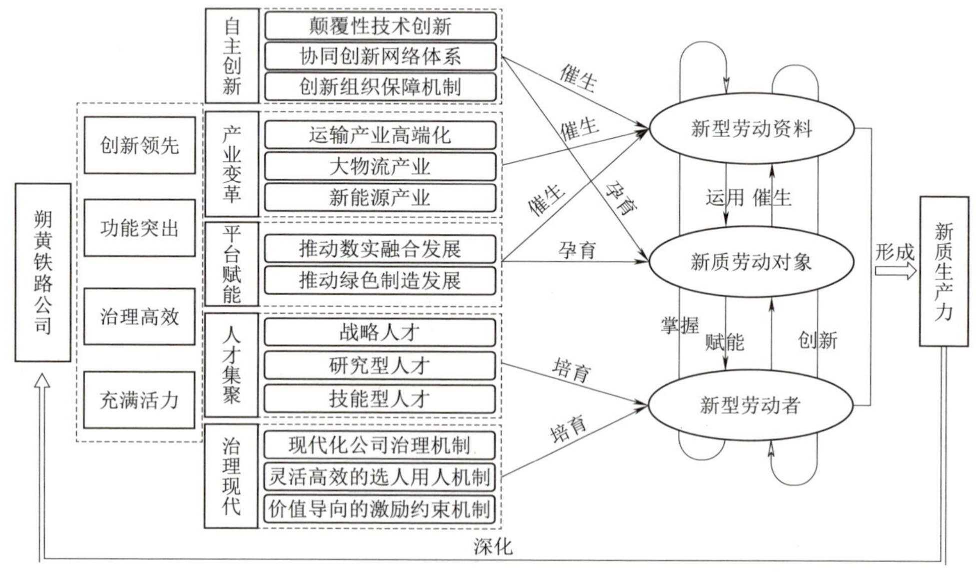

图 11-2　朔黄铁路公司发展形成新质生产力的理论逻辑

一是科技创新与新质生产力。高水平科技创新是新质生产力形成的关键。

朔黄铁路公司加强颠覆性技术创新，高端智能设备、新基础设施等蕴含先进技术与创新特质的智能化劳动工具得到广泛应用，以数据为代表的新生产要素也得到充分运用，驱动生产力向更高阶段演化。同时，搭建协同创新网络体系，促进从基础研究到产业化的贯通式发展，实现人才、技术、知识、管理、数据等高级生产要素的耦合，推动科技成果的转化与产业化。此外，完善组织保障机制，在创新绩效考核、成果生成和转化流程、人才培养、资源配置等方面加大探索，激发人才的活力动力，提高企业的创新生产水平。例如，朔黄铁路公司围绕重载技术创新取得了一系列丰硕成果，3 万吨级重载列车开行、无人驾驶重载列车引领行业科技创新。

二是产业变革与新质生产力。产业变革是推动生产力体系重塑、发展新质生产力的具体实现路径。朔黄铁路公司通过运用新技术、新模式，改造提升传统运输产业，培育壮大新能源等战略性新兴产业。与传统产业相比，战略性新兴产业具有创新密集、跨领域融合、增值含量高等特征。朔黄铁路公司整合使用优质新型生产要素，提供了品质更高、功能全新的产品或服务，促进企业发展质态的转变，从成本价格竞争、数量规模扩张、低端分工嵌入的初级发展质态向质量品牌竞争、精致精益增长、链条协同布局的高级发展质态迈进。例如，朔黄铁路公司已经在矿粉、油品的品类上完善非煤运输，以成熟科技创新成果对外转化、服务，并在新能源领域已崭露头角。

三是平台赋能与新质生产力。数智化能力成为国有企业的重要竞争力。朔黄铁路公司打造不同层级的平台，对内整合企业生产要素，对外链接产业上下游资源。通过智能化监控与预警系统、数据共享平台等数智化生产模式的应用，实现了人员流、资金流、物流、信息流的高效流转，形成具备新质生产力的新动能。同时，将绿色发展理念贯穿工业生产的全链条、全领域和全过程，采用新型节能装备，推动工艺升级、优化用能结构，形成绿色生产力。例如，数智朔黄精益管理系统助推企业智慧分析、智慧决策。

四是人才集聚与新质生产力。人才是推动科技创新、促进生产力跃迁的基础支撑。朔黄铁路公司注重集聚高水平研发型人才和高素质技能型人才，探索多元化的人才培养模式，培养造就一大批与智慧重载和新质生产力发展相适应的高素质人才队伍。通过促进人才链与创新链、产业链、资金链的深度融合，为新质生产力提供强有力的“新型人才”保障。

五是治理现代与新质生产力。新型生产关系的持续改造能带动引领新质生产力加快发展。朔黄铁路公司完善中国特色现代制度要求，选择更加简约高效的单层治理模式，开展监事会改革，由审计与风险委员会行使监事会职责，完善“权责法定、权责透明、协调运转、有效制衡”治理机制，提升企业治理效能，夯实了新质生产力发展的治理基础；通过建立健全新型经营责任制，使发展新质生产力的新型劳动者以市场化方式获得分配，增强了活力动力，保障了其更具主动性、创造性。以数智朔黄建设优化管理流程，提高决策效率，激发员工工作积极性。

三、朔黄发展新质生产力的实施路径

朔黄铁路公司积极探索符合自身特点的新质生产力发展之路，围绕一个目标，突出发展新质生产力和构建新型生产关系两条主线（图 11-3），努力创建高质量党建引领下的世界一流专业领军示范企业。

一是以发展型改革培育新质生产力。发展型改革的重点在于提高全要素生产率。朔黄铁路公司牢牢抓住科技创新、人才、产业等关键要素，通过创新各类资源配置效率，提高全要素生产率。朔黄铁路公司加大科技创新投入，

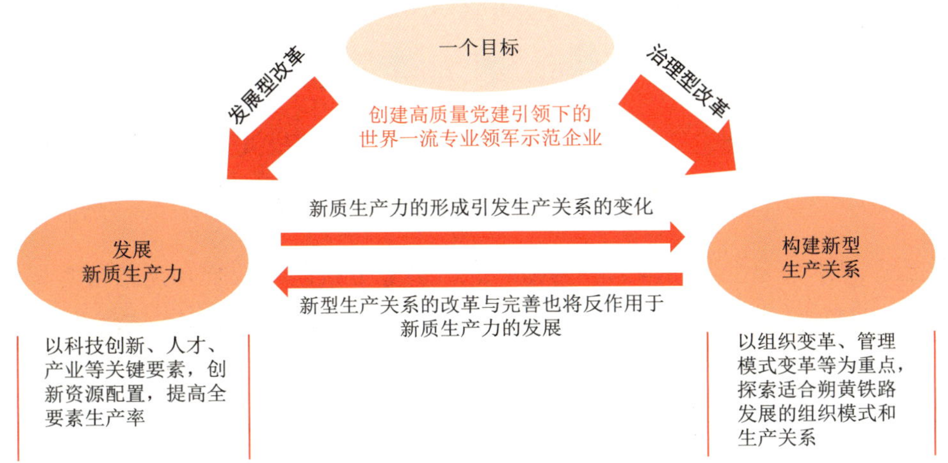

图 11-3　朔黄铁路公司新质生产力与新型生产关系的逻辑关联

加强与科研院所的合作，在重载铁路运输技术、智能调度技术、节能环保技术等重点领域关键环节攻克一批关键技术，提高铁路运输的效率和安全性。应用新一代技术，通过完善智能调度指挥系统、应用智能巡检设备等推进智能化铁路建设，实现铁路运行的实时监控、智能调度、准确巡检。产业升级转型是发展新质生产力的必然要求。朔黄铁路公司积极推进产业升级转型，拓展业务领域，提高企业的综合竞争力。聚焦能源运输保供主业，不断优化运输组织，提高运输效率，降低运输成本。聚焦多元发展，积极拓展物流、商贸等多元化业务，实现产业链的延伸和拓展。聚焦战略性新兴产业，创新开展“铁路＋新能源”发展新方式，加强与上下游企业的合作，共同开展煤炭运输等业务，打造协同发展的生态圈。

二是以治理型改革重塑新型生产关系。治理型改革的重点在于推进企业治理体系和治理能力现代化。朔黄铁路公司牢牢抓住改革创新这个“关键一招”，积极接纳新的理念和方法，不断探索适合公司发展的组织模式和生产关系。组织变革是重塑新型生产关系的基础。公司通过优化企业管理顶层设计、推行联合运维模式、推动成本利润中心改革、实行中心站一体化管理等，完善法人治理结构，重塑组织关系和生产关系。管理模式变革是重塑新型生产关系的关键。公司推进系统性深层次的管理模式改革，创造性形成“S-PLUS”精益化运营模式，通过构建以经营管控计划、按图运营计划、448精益管理体系为主体架构的“两横一纵、多业务协同”数智朔黄精益管理体系，促进新质生产力发展。企业文化是重塑新型生产关系的核心保障。公司注重企业文化建设，提炼出“至公正己、厚德崇礼、创新引领”的“朔黄红”企业文化，增强员工的认同感和归属感，凝聚企业发展合力，推动企业持续健康发展。

第二节　全力打造现代新国企

打造现代新国企是国企改革深化提升行动的重要任务之一，需要不断创新、不断突破，这是新时代赋予国资国企的重大历史使命。朔黄铁路公司牢牢把握深化国资国企改革的正确方向，加快打造创新领先、功能突出、治理高效、充满活力的现代新国企，这是加快适应发展新质生产力、推进中国式现代化的新要求，也是切实从国企思维向国家思维转变、加快创建世界一流专业领军示范企业的新要求。

一、现代新国企的内涵演进

现代新国企是传统国企的升级版，是传统国企在新时代新征程中的发展目标和方向。现代新国企保持鲜明国字特色，与传统国企相比，不仅在形式上新，更在内涵上新。2023 年 3 月 21 日，国务院国资委党委书记、主任在第二届国有经济研究峰会上表示，要着力打造适应中国式现代化要求的现代新国企。同年3月29日，在博鳌亚洲论坛2023年年会上表示，要想打造充满活力的现代企业，离不开使命愿景引领活力、体制机制激发活力、环境生态催生活力以及开放合作共增活力。这一阐述进一步细化了对现代企业活力的要求。同年6月27日，在夏季达沃斯论坛上表示，国务院国资委将加快打造发展方式新、公司治理新、经营机制新、布局结构新的现代新国企。这四个"新"从不同角度对现代新国企的发展方向进行了界定。2024年9月，国务院国资委党委在《旗帜》署名文章《推动国资国企改革展现新气象取得新突破》中提出，要加快打造创新领先、功能突出、治理高效、充满活力的现代新国企。

当前，国有企业以实施改革深化提升行动为牵引，进入加快建设现代新国企的历史新阶段。现代新国企的核心内涵是适应社会主义市场经济体制和推进中国式现代化要求的，具有现代属性的国有企业。加快打造"创新领先、功能突出、治理高效、充满活力"的现代新国企，与之前提出的"发展方式新、公司治理新、经营机制新、布局结构新"的现代新国企相比，反映了国有企业在新时代面临的新挑战和新机遇。从发展方式新到创新领先、从布局结构新到功能突出、从公司治理新到治理高效、从经营机制新到充满活力的转变，体现了国有企业改革的深化和细化，更加突出"创新引领"的发展要求、"功能性改革"的本质要求、"效能提升"的效率导向、"活力提升"的结果导向。

二、创新领先：更加突出创新引领的发展要求

创新领先强调把坚持创新摆在国有企业发展全局的核心地位，尤其是把

科技创新摆在“头号工程”的重要位置。这表明，现代新国企要更加突出创新引领发展，培育价值创造体系，推动内涵式发展。它强调要立足国家所需、产业所趋、产业链供应链所困，全力突破引领行业发展的原创性、前沿性技术，锻造国家战略科技力量，坚持技术攻关、成果转化、生态构建一体推进，不断提升创新体系整体效能，打造更多国之重器，为科技强国建设提供更加有力支撑。

围绕创新领先，朔黄铁路公司下一步将强化科技创新使命担当，更好推进高水平科技自立自强，加快健全有利于智慧重载原始创新的制度安排，全力提升原始创新能力，更加注重正向设计、基础突破，加强应用基础研究，强化范式转型、实效导向，力争在“三高一优”方面取得显著成效。一是强化高质量的科技供给。面向国家战略需求和企业重大需求凝练关键科学问题，发挥市场对朔黄铁路公司研发方向、路线选择、资源配置的导向作用，有组织地推进战略导向的体系化基础研究、前沿导向的探索性基础研究、市场导向的应用型基础研究。二是建设高能级的研发平台。加强产学研合作，充分发挥工程研究中心在重载铁路科技创新策源地方面的优势，深化同上中下游各类企业科技合作，打造高水平创新联合体，探索形成贯通式成果转化链条。三是推进高效率的产业融合。朔黄铁路公司将加强企业主导的产学研深度融合，主动开放市场和应用场景，强化目标导向，提高科技成果转化和产业化水平。四是持续营造优质的创新生态。朔黄铁路公司将积极推动“产学研用创”生态化协同创新，打造具有朔黄特色的创新联合体。

三、功能突出：更加突出核心功能的本质要求

功能突出强调把充分发挥国有企业的战略使命功能放在优先位置。现代

新国企要践行“国之大者”，瞄准功能突出，助力打造自主可控、安全可靠、竞争力强的现代化产业体系，巩固国有经济在关系国家安全、国民经济命脉的重要行业领域的控制地位，有力推动“三个集中”，改造升级传统产业，培育壮大战略性新兴产业，全面提升我国产业基础高级化和产业链现代化水平。

围绕功能突出，朔黄铁路公司下一步将更好地利用经营手段和市场力量履行国家战略使命，深化分类改革、分类考核，构建推动企业产业升级的有效机制。一是明确战略目标和定位，充分发挥传统产业规模化场景化需求优势，大力培育新产业新赛道，做好战略性新兴产业和未来产业关键技术识别，构建完善新赛道主动发现和前瞻遴选机制，绘制关键重点领域产业链图谱，优化产业结构布局。二是聚焦国家战略阶段目标及任务部署，探索建立子分公司考评加分事项清单，将相关任务要求纳入企业负责人年度或任期业绩考核指标。三是探索“通用＋特色”的功能价值评价体系，实行“一业一策、一企一策”考核，考虑部分战略性新兴产业发展必经的“战略亏损期”，实施差异化、长周期的考核评价和中长期激励机制，科学衡量经营效率和综合贡献。

四、治理高效：更加突出效能提升的效率导向

治理高效强调突出效率效果导向，强化董事会作用发挥，推动现代公司治理形神兼备，将中国特色现代企业制度优势有效转化为治理效能。这表明，现代新国企要从国有企业实际出发，因企制宜选择治理模式，因企施策加强子企业董事会建设，科学优化董事会功能定位，强化董事会监督作用，完善董事会运行制度机制，着力构建科学、理性、高效的董事会，促进董事会与其他治理主体良性互动、切实发挥作用，提升公司治理整体效能。

围绕治理高效，朔黄铁路公司下一步将科学优化董事会职能定位，统筹好公司治理线和职能管控线的权责关系，着力用好信息化、智能化等方式，在“三重一大”等重点领域探索推进穿透式监管，强化实时监测，增强监督刚性，有效防范化解风险。同时，持续提升公司治理能力、决策效率和战略科学性。一是完善董事会运行制度机制。按照中央企业打造科学、理性、高效董事会的要求，及时优化董事会核心职责，强化董事会监督作为出资人监督重要延伸作用。定期评估、动态调整重大事项决策的权责清单，防止治理主体权责缺位、错位、相互踩脚问题。二是优化公司管控模式。针对不同类型子分公司基于不同范围、不同程度的授权放权，厘清权责边界，并健全有效性和授权放权监督机制，确保既授得下、放得活，又用得好、管得住。三是着力打造高素质专业化外部董事队伍，注重选聘熟悉战略性新兴产业的专业人才，发挥其在战略机会与识别、推动创新与变革、风险跟踪与评估中的专业把关作用。探索推动外部董事授权清单机制，建立向外部董事主动报告机制，加强履职服务保障和决策信息支持。四是全面实行精益化管理。持续构建“两横一纵、多业务协同”数智朔黄精益管理体系，以“四个聚焦”为核心主轴，以“四个清单”为核心抓手，运用“八个环节”，纵向贯通的一体化管理架构，构建精益化纵向贯通管理体系，促进管理水平和业务能力提升，推动公司向管理精细化、运营智能化和可持续发展迈进。

五、充满活力：更加突出活力提升的结果导向

充满活力强调注重改革实效，以增强企业活力、提高效率为中心，狠抓新型经营责任制，提高企业资源要素利用效率和经营管理水平。这表明，现代新国企应以深化机制变革为契机，加快企业组织形态、科技组织机制、经

营机制、管理体系的变革，全面构建中国特色现代企业制度下新型经营责任制，推动国有企业真正按市场化机制运营，不断提升全要素生产率，促进企业发展活力竞相迸发、动力更加充沛。

围绕充满活力，朔黄铁路公司下一步将构建促进先进生产要素加快集聚的有效机制，更广更深落实三项制度改革，推动其真正按市场化机制运营，让创新创造活力竞相迸发。一是加快组织形态变革，大力去行政化、机关化，探索扁平化管理、平台化运作等模式，优化管理流程，建立快速决策机制。二是持续深化市场化经营机制，更加突出落实契约化精神，从分层分类管理、契约指标设定、刚性考核兑现等方面加快推进任期制和契约化提质扩面，更大范围落实各级管理人员经营管理责任，强化员工岗位契约管理，建立更加市场化的用工契约管理体系。推进内部人力资源市场建设，坚持总量控制、优化配置原则，健全内部市场机制，畅通员工内部流动渠道，实现人力资源优化配置。三是聚焦价值创造，注重短长期激励相结合，强化薪酬分配与职业生涯发展通道评聘、绩效考核挂钩联动机制，更好激发人才的积极性和创造力，提高人才工作效率和业绩。四是完善人才建设体系，聚焦重点领域和方向，优先发展战略转型急需人才；坚持必要的台阶、递进式的历练与培养，注重统筹推动梯队培养人才；实施创新型科技人才培养计划，着力培养高层次创新型科技人才；实施工匠型技能人才培养计划，重点培养高技能人才。五是加强人才激励导向性。持续完善和优化薪酬分配体系，开展职位职级体系和薪酬体系优化工作；完善吸引、激励和留住人才的薪酬激励措施，明确人才奖励标准，用好人才培养专项奖励基金，强化人才表彰激励；深化落实全员绩效考核，确保考核结果在人员管理方面得到充分应用，实现考核闭环。

第三节　改革创新永远在路上

朔黄铁路公司的改革创新，必须把推进中国式现代化作为最大的政治，始终把坚持党对国有企业的全面领导作为根本政治原则，始终坚守做强做优做大国有资本和国有企业的目标要求，始终锚定增强核心功能、提升核心竞争力的中心任务，始终坚持培育和发展新质生产力的鲜明导向，守正创新，与时俱进，坚持向改革要动力，向创新要活力，不断解决发展中的问题。

一、入选基层企业联系点的新契机

为深入贯彻落实中央全面深化改革委员会关于国有企业改革深化提升行动有关要求，建立健全上下贯通的工作机制，及时了解掌握基层企业改革的第一手资料，打通深化改革的最后一公里，国务院国资委决定建立改革深化提升行动基层企业直接联系点制度。2024 年 7 月，朔黄铁路公司成功入选国资委改革深化提升行动基层企业直接联系点。基层企业联系点制度的建立不仅有助于推动国企改革政策向下穿透，还能够精准服务基层企业，确保改革措施在基层得到有效执行和落实。

朔黄铁路公司充分把握基层企业联系点的契机，贯彻落实国资委基层企业直接联系点制度，深入推动改革深化提升行动，全面抓好功能使命性和体制机制性改革任务，突出重点、干出特色，为新时期国有企业改革发展作出新的朔黄贡献。始终牢固树立大抓基层的鲜明导向，把习近平总书记围绕基层治理发表的一系列重要论述贯彻到改革各领域、全过程，以责任穿透、机制穿透、效果穿透有力解决“上热中温下冷”“沙滩流水不到头”等改革难题，有效提升基层员工对改革工作的参与感、认同感和获得感。

二、贯彻落实党的二十届三中全会的新部署

党的二十届三中全会对深化国资国企改革进一步作出重大部署，强调深化国资国企改革，完善管理监督体制机制，增强各有关管理部门战略协同，推进国有经济布局优化和结构调整，推动国有资本和国有企业做强做优做大，增强核心功能，提升核心竞争力。进一步明晰不同类型国有企业功能定位，完善主责主业管理，明确国有资本重点投资领域和方向。推动国有资本向关系国家安全、国民经济命脉的重要行业和关键领域集中，向关系国计民生的公共服务、应急能力、公益性领域等集中，向前瞻性战略性新兴产业集中。健全国有企业推进原始创新制度安排。深化国有资本投资、运营公司改革。建立国有企业履行战略使命评价制度，完善国有企业分类考核评价体系，开展国有经济增加值核算。推进能源、铁路、电信、水利、公用事业等行业自然垄断环节独立运营和竞争性环节市场化改革，健全监管体制机制。完善中国特色现代企业制度，弘扬企业家精神，支持和引导各类企业提高资源要素利用效率和经营管理水平、履行社会责任，加快建设更多世界一流企业。从党的二十届三中全会的部署看，国资国企改革是一项系统工程，重点围绕“国有经济、国有资本/资产、国有企业”三个层面，体现了协同、价值、聚焦、深化、分类、原创、效率等七大关键点。

国有经济层面，一是突出“协同”。坚持“两个毫不动摇”，强化国有经济管理部门战略协同，促进国有经济与非公有经济“国民共进”。在能源等行业，分离自然垄断和竞争性环节，巩固国企控制力，营造公平竞争环境。二是突出“价值”。开展国有经济增加值核算，强化国有经济在服务国家战略和社会发展中的价值创造能力，实现更高质量、更有效率、更加公平的发展，

体现在中国式现代化建设中的地位作用。

国有资本/资产层面，一是突出“聚焦”。推动国有资本向重要行业和领域集中，明确投资领域和方向，实现“有进有退”“有所为、有所不为”，与“建设国家战略腹地和关键产业备份”有机衔接。二是突出“深化”。深化国资国企改革，完善管理监督体制机制，深化国有资本投资、运营公司改革，健全监管体制机制，提升国资监管效能，发挥两类公司在授权放权、战新产业布局和市场化改革等方面的示范作用。

国有企业层面，一是突出“分类”。进一步明晰不同类型国有企业功能定位，建立履行战略使命评价制度，完善分类考核评价体系，基于功能定位精细化分类，提高政策精准性和有效性，引导国有企业强化国家思维和功能导向。二是突出“原创”。健全国有企业推进原始创新制度安排，打造创新型国有企业，发挥科技创新作用，完善创新体系，激发创新活力，促进产业链创新链融合，为打造原创技术策源地提供政策体系和制度安排。三是突出“效率”。完善中国特色现代企业制度，弘扬企业家精神，支持和引导企业提高资源利用效率和经营管理水平、履行社会责任，加快建设世界一流企业。强化制度保障、内在要求、效率责任和目标结果“四位一体”，培养国有企业家队伍，提高资源要素利用效率，履行社会责任，探索具有中国特色的世界一流企业创建之路。

三、明确下一步改革创新的新方向

改革创新是推动发展的强大动力。下一步，朔黄铁路公司将深入贯彻落实习近平总书记重要讲话和重要指示批示精神，再学习再领会，明确方向目标要求，增强高质量完成全面深化改革的政治自觉和行动自觉。

坚持全面深化改革的目标不动摇。在推动国有资本和国有企业做强、做优、做大等一系列政策指导下，朔黄铁路公司以增强企业核心功能、提升核心竞争力为目标，在智慧重载运输领域，着力提升科技创新、产业控制和安全支撑能力。在“高铁在中国、重载看朔黄”蓝图引领下，围绕重载智慧发展，突破关键核心技术，完善科研成果转化和知识产权保护机制，推动“新能源 +”，培育新质生产力。积极构建现代综合物流体系，培育大物流生态圈，搭建网络运输格局，在完成能源运输保供基础上，实现多元综合运输新突破。

增强改革协同性，确保改革成效。把突出改革实效作为高质量完成国有企业深化提升行动的落脚点，通过多维度检验改革实效。一是注重整体性。从全局谋划改革，把握各部分联系，提高整体效能，突破利益固化藩篱，从大局看问题，坚决推进改革。二是培养创新意识。培养全员改革创新思想意识，实现全员参与，摸排全要素，统筹全过程和业务，重塑模式，让创新文化深入人心。三是强化协调联动。提升纵向联动性，完善决策协调机制和联席会议制度，畅通沟通渠道；提升横向联动性，成立跨部门联合工作团队；强化激励机制，激发改革积极性和创造性。

统筹推进体制机制类改革与功能使命类改革。在体制机制类改革方面，朔黄铁路公司将优化内部治理结构，精简层级、减少冗余部门，构建扁平化管理模式，提升决策效率；完善选人用人机制，通过竞争上岗、公开招聘等方式吸引高素质人才；建立健全监督机制，确保改革法治化、规范化。在功能使命类改革方面，朔黄铁路公司将聚焦主责主业，服务国家战略；加大研发投入，推动技术创新和产业升级，助力单一煤运功能向综合多元业态转型；强化社会责任意识，在保障民生、环境保护等方面发挥引领作用。通过两类改革的协同推进，在提升内部管理效率和创新能力的同时，更好地服务国家战略，推动经济社会高质量发展，实现改革综合效应的最大化。

参考文献

[1] 中共中央关于进一步全面深化改革　推进中国式现代化的决定［N］. 人民日报，2024-07-22（01）.

[2] 程恩富，陈健. 大力发展新质生产力　加速推进中国式现代化［J］. 当代经济研究，2023（12）：14-23.

[3] 杜传忠，疏爽，李泽浩. 新质生产力促进经济高质量发展的机制分析与实现路径［J］. 经济纵横，2023（12）：20-28.

[4] 高超群. 企业的企业史：一个描述性说明［J］. 广西师范大学学报（哲学社会科学版），2024，60（3）：153-162.

[5] 姜治莹，韩杰才，郭海，等. 锻造新质生产力，东北高校何为［N］. 光明日报，2023-10-17（13）.

[6] 古茗馨. 探讨重载铁路的运输组织及线路加强模式［J］. 汽车周刊，2024（11）：198-200.

[7] 黄群慧. 强化助力中国式现代化使命担当　把握建设现代新型国有企业的着力点［J］. 国资报告，2023（7）：16-17.

[8] 侯琦. 浅析重载铁路运营管理创新以及经济价值创造［J］. 商讯，2023（21）：1-4.

[9] 侯万军，辛越优，马继伟. 坚持教育、科技、人才“三位一体”统筹推进［N］. 光明日报，2023-12-06（02）.

[10] 江小涓. 统筹推进发展型改革与治理型改革　为中国式现代化提供制度保障［J］. 中国经济问题，2024（1）：1-6.

［11］江小涓，宫建霞，李秋甫．数据、数据关系与数字时代的创新范式［J］．中国社会科学，2024（9）：185-203.

［12］李乐．朔黄铁路货场智慧平台建设方案研究［J］．铁路计算机应用，2024，33（2）：49-52.

［13］李寿生．百年变局下企业战略管理的创新：在第十五届全国石油和化工企业管理创新大会上的讲话［J］．中国石油和化工，2023（4）：6-13.

［14］林盼．国有经济布局的理论脉络、历史经验和发展方向［J］．上海经济研究，2024（2）：30-40.

［15］刘志彪．以新型生产关系推动新质生产力发展［J］．理论探索，2024（3）：5-11.

［16］乔东．发展新质生产力需要加强新时代国企党建文化建设［J］．中外企业文化，2024（7）：6-8.

［17］时杰．积极发挥国有企业在发展新质生产力中的战略支撑作用［J］．新经济导刊，2024（3）：17-23.

［18］田葆栓．铁路重载创新应用助力全球可持续发展：第12届国际重载运输大会综述［J］．智慧轨道交通，2024，61（3）：1-9.

［19］田永秀．新中国铁路管理制度建构述论［J］．当代中国史研究，2024，31（1）：81-93.

［20］王宏志．为构建新发展格局提供坚实基础和战略支撑［J］．企业管理，2023（11）：7-8.

［21］王能俊．移动闭塞方式下的重载铁路运输能力研究分析［J］．新型工业化，2022，12（10）：199-202.

［22］王一鸣．新形势下的科技创新战略和以科技创新引领现代化产业体系建设的路径［J］．全球化，2024（1）：5-14.

［23］谢杰．朔黄铁路物流发展策略研究［J］．铁道货运，2023，41（5）：52-58.

［24］许雪峰．煤炭资源铁路运输发展与现状研究［J］．内蒙古煤炭经济，2020（12）：73-

74.

［25］杨建兵. 世界铁路重载运输现状及对我国的启示［J］. 中外企业家，2019（18）：97-98.

［26］曾维刚，梁壮，赵冠一，等. 我国煤炭运输体系现状、问题及对策研究［J］. 煤炭经济研究，2022，42（1）：17-21.

［27］张林山，陈怀锦. 以科技体制改革促进我国科技创新和产业创新深度融合［J］. 改革，2024（8）：35-44.

［28］张玉卓. 在推进中国式现代化建设中谱写国资央企新篇章［J］. 国资报告，2023（8）：8-11.

［29］张永恒，张剑铠，秦进. 重载铁路双向运输效益的评估研究［J］. 石家庄铁道大学学报（自然科学版），2023，36（4）：69-73.

［30］赵波涛，朱龙，沈红平. 我国铁路重载运输发展现状与趋势探讨［J］. 中国航务周刊，2024（8）：57-59.

［31］赵海军. 优化朔黄铁路运输组织方案　提升运输效率的研究［J］. 综合运输，2023，45（1）：53-57.

［32］周文，许凌云. 论新质生产力：内涵特征与重要着力点［J］. 改革，2023（10）：1-13.

［33］陈艺展. 高质量发展背景下国有企业构建财务共享中心的思路探究［J］. 中国市场，2024（33）：163-166.

［34］张磊，杨晨，刘敬辉，等. 既有安全管理框架下的铁路本质安全体系研究［J］. 中国铁路，2024（6）：124-130.

［35］杨津. 新形势背景下铁路建设工程管理关键问题探究［J］. 科技风，2023（11）：71-73.

［36］尹少凡. 关于铁路困难区段施工安全管理的思考与对策［J］. 设备管理与维修，2023（2）：1-2.

［37］聂荣远. 适应铁路高质量发展的物资管理监督检查体系构建与实践［J］. 铁路采购与

物流，2022，17（3）：31-33.

［38］周青青，廉欣，时志强. 铁路物流运输管理模式研究［J］. 运输经理世界，2023（16）：73-75.

［39］大野耐一. 丰田生产方式［M］. 姚山宏，译. 北京：中信出版集团，2024.

［40］高珊，李红昌. 关于精益管理对改善运输企业运营效率的探讨［J］. 物流技术，2009，28（7）：198-200.

［41］黄阳华，吕铁. 深化体制改革中的产业创新体系演进：以中国高铁技术赶超为例［J］. 中国社会科学，2020（5）：65-85.

［42］高远. 业务数智化：从数字化到数智化的体系化解决方案［M］. 北京：电子工业出版社，2023.

［43］李军. 触摸“数智化社区”［J］. 中国公共安全（市场版），2005（9）：94-96.

［44］刘国斌，祁伯洋. 县域城镇数智化与信息化融合发展研究［J］. 情报科学，2022，40（3）：21-26.

［45］金华，陈佳鹏，黄匡时. 新业态下数智化劳动：平台规训、风险生成与政策因应［J］. 电子政务，2022（2）：75-87.

［46］齐延平. 数智化社会的法律调控［J］. 中国法学，2022（1）：77-98.

［47］王秉. 何为数智：数智概念的多重含义研究［J］. 情报杂志，2023，42（7）：71-76.

［48］罗斌元，陈艳霞. 数智化如何赋能经济高质量发展：兼论营商环境的调节作用［J］. 科技进步与对策，2022，39（5）：61-71.

［49］阳镇，陈劲. 数智化时代下企业社会责任的创新与治理［J］. 上海财经大学学报，2020，22（6）：33-51.